中国共产党精神

雨花英烈精神

扬帆的信仰

本书编写组

组　长：陈　勇
副组长：彭振刚
成　员：徐慧红　李　博
林　峻　方　芳
徐　彦　项晓宁
卢海鸣

中国共产党精神

雨花英烈精神

扬帆的信仰

外文出版社
FOREIGN LANGUAGES PRESS

图书在版编目（CIP）数据

雨花英烈精神：扬帆的信仰 / 南京市人民政府新闻办公室编著.
—北京：外文出版社，2018.5（中国共产党精神）
ISBN 978-7-119-11519-1
Ⅰ.①雨… Ⅱ.①南… Ⅲ.①革命烈士－生平事迹－中国 Ⅳ.①K827＝6
中国版本图书馆 CIP 数据核字（2018）第 117585 号

"中国共产党精神"系列
总策划：徐　步

出版策划：解　琛
项目协调：于　瑛
项目统筹：文　芳

图片提供：南京市人民政府新闻办公室　视觉中国　中国新闻社　@微图
责任编辑：文　芳　陈丝纶
特约编辑：王高飞　李宏宇　陆长安　钱　笑
装帧设计：北京夙焉图文设计工作室
印刷监制：章云天

雨花英烈精神：扬帆的信仰

出 品 人：徐　步
出版发行：外文出版社有限责任公司
地　　址：北京市西城区百万庄大街 24 号　　邮政编码：100037
网　　址：http://www.flp.com.cn　　电子邮箱：flp@cipg.org.cn
电　　话：008610-68320579（总编室）　　008610-68996158（编辑部）
　　　　　008610-68995852（发行部）　　008610-68996181（投稿电话）
印　　刷：艺堂印刷（天津）有限公司
经　　销：新华书店 / 外文书店
开　　本：787mm × 1092mm　1/16
字　　数：120 千
印　　张：13.5
版　　次：2018 年 9 月第 1 版第 1 次印刷　　2021 年 3 月第 1 版第 2 次印刷
书　　号：ISBN 978-7-119-11519-1
定　　价：68.00 元

崇高理想信念
高尚道德情操
为民牺牲的大无畏精神

目 录

“雨花”故事

信仰至上

高尚情操

舍身为民

悠悠秦淮水，雨花风物情。

雨花故事，源远流长，是古城南京悠久历史的见证；

雨花情怀，韵味隽永，意义深邃。

雨花故事

雨花台烈士陵园

南京：
风雨金陵，多难兴城

龙盘虎踞，钟灵毓秀

南京，简称宁，古称金陵、建康。南京，地处中国东部地区，长江下游，濒江近海，山环水抱，钟灵毓秀，是江苏省省会，东部地区重要的中心城市，国家历史文化名城，全国重要的科研教育基地和综合交通枢纽，还是长三角城市群中唯一的特大城市，南京都市圈核心城市。

中华民国临时政府成立时合影（↑）

南京明城墙（←）

南京有着6000多年文明史、近2500年建城史和近500年的建都史，在历史上长期是中国南方的政治文化中心，是中华文明的重要发祥地之一，曾数次庇佑华夏之正朔，具有厚重的文化底蕴和丰富的历史遗存。

公元229年，吴大帝孙权在此建都，此后，东晋和南朝的宋、齐、梁、陈均相继在此建都，故南京有“六朝古都”之称。继此之后，南京又先后成为南唐国都、明朝京师、太平天国天京、中华民国首都，故又称“十朝都会”。

链接

龙盘虎踞

龙盘虎踞，盘：曲折环绕；踞：蹲、坐。好像盘绕的龙，蹲伏的虎。特指南京。亦形容地势雄伟险要。毛泽东主席曾作诗句“虎踞龙盘今胜昔，天翻地覆慨而慷”，出自其《七律·人民解放军占领南京》。

古都名城，风雨历程

1840年，鸦片战争爆发，中国近代史由此开始。鸦片战争战败后，清政府于1842年在南京下关江面英国军舰“康华丽”号上签订中国近代史上第一个不平等条约《南京条约》。1853年，太平军攻克南京，建立太平天国，改称天京，建都11年。

1911年12月29日，辛亥革命起义的17省代表在南京选举孙中山为临时大总统，建立中华民国。1912年元旦，中华民国临时政府在南京成立，孙中山宣誓就任临时大总统。1927年，北伐军节节胜利，4月18日在南京成立国民政府，定南京为首都，同年设立南京特别市。1930年改为院辖市（直辖市）。

1937年12月13日，日军占领国民政府首都南京。南京沦陷后，日军在南京进行长达40多天的大规模屠杀，包括抢掠、强奸、对大量平民及战俘进行屠杀等，史称“南京大屠杀”。

南京中山陵：中国近代建筑史上第一陵（↑）

南京总统府（←）

侵华日军南京大屠杀遇难同胞纪念馆（→）

南京大屠杀惨状（↓）

1949年4月20日，中共中央和南京当局在北平（北京）的和平谈判最后破裂。4月21日，毛泽东和朱德发布命令，令中国人民解放军向全国进军，解放全中国。20日夜至21日，解放军发起渡江战役，突破国民党军在安庆、芜湖间和镇江、江阴间以及贵池、湖口间的防线。在此之前，南京人民在中共地下党领导下，已经开展反对蒋介石独裁政权的斗争，使蒋政权完全孤立。在大势所趋的情况下，守备南京的军警不愿为蒋政权的覆灭陪葬，纷纷起义，23日一整天，南京成为“空城”，一座无军警守备的空城。23日午夜、24日凌晨，中国人民解放军第35军104师312团2营奉命占领总统府。南京，这座历史文化名城，就这样没有费一枪一弹，重新回归到人民手中。

崇文重教，夫子遗风

自古“天下财赋出于东南，而金陵为其会”，南京又是十朝都会，“衣冠文物，盛于东南”，有深厚的文化内涵，透出几分儒雅之气，豪杰之风，斯文秀美，亢朗冲融。一千个人有一千个喜欢南京的理由：亲切，朴实，安宁，茂密的梧桐大道，种类繁多的艺术沙龙，张弛有度的生活节奏，不远不近的人际关系……在这所有的理由中，最让人着迷的，是这座城市特有的、垂挂着浓重水分子的温暖和忧郁。崇尚文化，尊重教育，珍视传统，弘扬文明，铸造了南京独特的城市品格。

南京夫子庙景区（↓）

夫子庙

南京夫子庙，即南京孔庙、南京文庙，位于南京市秦淮区秦淮河北岸贡院街，江南贡院以西，为供奉祭祀孔子之地，是中国四大文庙之一，为中国古代江南文化枢纽之地、金陵历史人文荟萃之地，不仅是明清时期南京的文教中心，同时也是居东南各省之冠的文教建筑群，现为夫子庙秦淮风光带重要组成部分。夫子庙是一组规模宏大的古建筑群，

主要由孔庙、学宫、贡院三大建筑群组成，有照壁、泮池、牌坊、聚星亭、魁星阁、棂星门、大成殿、明德堂、尊经阁等建筑。

南京，就是这样一座历史悠久、文化浓厚、风俗传统、大气迷人的城市。六朝古都，十朝都会，留给南京的不只是雄伟的建筑和遗迹，更是深入人心，浸润着一草一木的中华文明。

南京秦淮河夜景（↓）

雨花台：
聚宝石岗，风物高洁

辛亥革命雨花台之役阵亡将士人马合冢（↑）

雨花阁（→）

雨花台上雨，文人笔下文

雄奇壮观的雨花台位于古都南京的南郊，山环水抱，林木葱茏。她是二三百万年前古长江与其支流秦淮河在这一带交汇而堆积成的砂砾石岗丘，因盛产色彩斑斓、晶莹透丽的玛瑙石，古代被称为“石子岗”，又叫“玛瑙岗”，后人亦称为“聚宝山”。在东晋时今雨花台一带就已是文人雅士驻足瞩目之处，士庶踏青赏景之地。梁代云光法师讲经而天降曼陀罗花如雨的传说虽属神话，却瑰奇美丽，雨花台从此与佛学、文学结下了不解之缘。

雨花台地名由来

链接

雨花台得名于历史上一个美丽的传说。相传，六朝时期有位名叫云光的法师，在今天的雨花台风景区内东岗之巅讲经说法，感动佛祖，一时落花如雨，雨花台便因此得名。

雨花台北临秦淮河，西濒扬子江，其东、南方向，包括菊花台、韩府山、西善桥直至牛首山、祖堂山一带，青山隐隐，绿水迢迢，幽谷丹崖，浮苍流翠，物华天宝，人杰地灵。这里是南京先民最早开发的地区之一，是佛教寺庙集中之处，是古都南京的风水宝地；雨花台的历史变迁，是名城南京历史的缩影；这里历史遗存丰富多彩，文物古迹星罗棋布，风景名胜随处可见，革命史迹彪炳千秋。

从公元前1147年泰伯到此传礼授农算起，雨花台已有3000多年的历史。在雨花台上下三千年的历史长河中，有许多古圣先贤和仁人志士曾在此演绎

了壮丽的人生，留下了丰富的历史文化遗产。历代文人墨客乃至帝王将相，都留下了吟咏雨花台的优美诗篇。比如，“南朝四百八十寺，多少楼台烟雨中”，美妙的诗句，正是历史上雨花台人文景观和自然风光的真实写照。一生作诗4万首的风流皇帝乾隆，六下江南，三上雨花台，即兴赋诗题词，雨花台至今仍保存了刻有乾隆题词手迹的御碑。

南京三山街至雨花台一带，是南朝乐府民歌的发祥地和传唱地之一。这里曾经士庶杂居，里巷之中，曾经飘着柔婉动人、韵味悠长的歌词。这些作品是出自真情、毫不忸怩作态的真文学，曾令后代多少大诗人倾心低首。唐代崔颢除著有知名的《黄鹤楼》诗，还有著名的四首《长干曲》，一眼可以望见它们所受南朝民歌的影响之深，“君家何处住?妾住在横塘。停船暂借问，或恐是同乡。”“家临九江水，来去九江侧。同是长干人，生小不相识。”

雨花风物美，高洁古风存

雨花台一带冈峦起伏，河塘纵横，保存众多的遗址古迹。早在四五千年前的新石器时代晚期，一支先民就开始在今西善桥附近的太岗寺居住生活达2000年之久，可以说太岗寺一带曾是南京古代文明起源的重要发祥地之一。窨子山遗址则是一处颇有代表性的南京青铜时代湖熟文化遗存，也是目前距南京城最近、保存较好、为数不多的商周时期文化遗址。

南宋初年，金兀术入侵，扎营南京雨花台。民族英雄岳飞率部于南郊的牛首山至韩府山一线设伏御敌，大败金兵。沿韩府山至牛首山山脊处，至今仍保留着石块堆垒的军事防御工事，蜿蜒起伏，绵延达4000余米。

雨花台一带寺庙塔宇鳞次栉比，俗称“出了南门尽是寺”。早在六朝时期，这里的佛寺庙宇已达数十座之多。其中，建初寺系东吴大帝孙权为天竺僧人康僧会所建，为江东的第一座佛寺；同时建造的阿育王塔则是江东最早的佛塔。

清明时节去雨花台踏青、扫墓等，都成为南京百姓岁时习俗的重要内容。

方孝孺之墓（↑）

杨邦乂剖心处（←）

雨花英烈，精神永存

一脉相承的雨花英烈精神

雨花台，这座花草葳蕤、松柏掩映的山冈，巍然雄峙于南京中华门外。

雨花台自古以来就是兵家角逐之地，许多著名战役发生在雨花台及其周围地区。雨花台同时又是一处融自然风光和人文景观为一体的名胜之地，历朝历代许许多多文人墨客流连于此。

南京雨花台烈士陵园烈士纪念碑（↑）

南京雨花台烈士陵烈士群雕（←）

然而，雨花台地区绝不仅仅是文人雅士歌咏流连的地方。无数革命先烈在这片土地上抛头颅、洒热血。1927年以后，蒋介石叛变革命，将雨花台变成屠杀革命仁人志士的刑场。如今，雨花台遂被人们视为无数革命先烈英勇献身的象征，受到广大人民的珍视。革命先烈们为建立新中国，在这里慷慨长啸，从容就义，并留下了一大批用鲜血写就的壮丽诗篇。

继往开来的雨花英烈精神

中华人民共和国成立后，为了缅怀先烈，教育后人，党和政府决定兴建雨花台烈士陵园。经过近半个世纪的规划和建设，雨花台以其匠心独运的布局、庄严恢宏的气势和层峦叠翠的景色为世人所瞩目，成为全国重点文物保护单位和爱国主义教育基地。1983年，邓小平同志为雨花台烈士纪念碑和雨花台烈士纪念馆亲笔题名。1994年4月，江泽民同志亲自为雨花台烈士陵园题词“弘扬先烈精神，献身四化大业”，并亲笔为忠魂亭题名。多年来，雨花台的建设者和管理者们，为建设陵园辛勤付出和无私奉献。特别是20世纪80年代以来，雨花台的建设者和管理者艰苦奋斗，开拓进取，把雨花台建成了一座以自然山林为衬托、以烈士陵园为主体、融自然风光和人文景观为一体的多功能风景区。许多党和国家领导人，以及成千上万的各界人士和大批中外游客前来瞻仰先烈，饱览名胜，领略了雨花台这个革命纪念圣地和风景名胜景区的独特风采和隽永神韵。2014年12月，习近平总书记在江苏省调研期间指出，在雨花台留下姓名的烈士就有1519名，他们的事迹展示了共产党人的崇高理想信念、高尚道德情操、为民牺牲的大无畏精神。

回首过去，雨花台历尽沧桑。民国时期，雨花台日见颓败萧条，沦为一片荒郊，成了反动统治者屠杀共产党人和爱国志士的刑场，难以计数的革命先烈为了人民的利益和祖国的解放献身在这片土地上。无论环境如何险恶，敌人如何凶残，先烈们对革命的前途始终充满必胜的信念。他们坚信一个民主、繁荣、富强的新中国必将取代半殖民地半封建的旧中国；一个没有剥削、没有压迫、人人平等的共产主义社会必将出现在地球上。为此，他们不为金钱所诱，不为甜言所惑，不为官位所动，不为酷刑所屈。他们决不用信念、党性、人格和气节换取生的希望和荣华富贵。他们在敌人的监狱中、法庭内和刑场上凛然不可犯。他们对为之奋斗的真理始终忠诚坚贞，矢志不渝，用鲜血和生命谱写了一曲曲壮烈的篇章。

1949年南京解放后，为缅怀和悼念先烈，教育后人继承他们的遗志，人民政府精心规划和兴建了雨花台烈士陵园。经过几十年的建设，今日雨花台的面貌已焕然一新。放眼望去，漫山遍野的林木郁郁葱葱，纪念碑、纪念馆和忠魂亭等建筑气势恢宏，庄严肃穆，整个陵园成为享誉海内外的全国重点文物保护单位和爱国主义教育基地。每年都有大批群众从全国各地来到雨花台，祭奠和凭吊烈士的英灵，接受革命传统和爱国主义教育，以树立为共产主义事业奋斗的坚定信念。

1949年12月12日，南京市第二届人民代表会议做出建设雨花台烈士陵园的决议。雨花台开始全面绿化造林、修建道路的工作。1950年建起了奠基纪念碑，在烈士殉难处建立了纪念性标志。

20世纪80年代起，南京雨花台烈士陵园的建设进入一个新的时期。1980年开始向全国各地征集雨花台烈士纪念碑设计方案。1983年6月，邓小平亲笔为雨花台烈士纪念碑、雨花台烈士纪念馆题名。次年4月，纪念碑、纪念馆等新建工程全面启动。精心设计，精心施工，各方协力，几易寒暑，烈士就义群雕、烈士纪念馆、烈士纪念碑、烈士纪念碑廊、忠魂亭等相继竣工，形成了气势宏伟、庄严凝重的纪念建筑群体，雨花台烈士陵园以崭新的面貌出现在世人的面前。

年龄最小的袁咨桐烈士

链接

“只要你愿意写自首悔过书，登报公开悔过，并声明与共产党永远脱离关系，你就可以马上出去！”面对敌人的引诱，牺牲烈士中年龄最小（牺牲时年仅16岁）的袁咨桐毫不动摇。他的大哥是国民党高级军官，但他即使双脚被撬断、双臂被吊脱臼，甚至被敌人卑鄙地改了年龄处以极刑，也决不背叛共产党。

国旗飘扬在雨花台烈士陵园（↓）

雨花台烈士陵园忠魂亭（↑）

与时俱进的雨花英烈精神

登上南京中华门城堡，向南眺望，以雨花台为中心的金陵南郊，层峦叠翠，郁郁葱葱。自古以来，这里便是风云际会之地，一幕幕充满腥风血雨的战争活剧在这里轮番上演，一批批英雄豪杰和志士仁人在这里不断涌现。邓中夏、罗登贤、何宝珍、孙津川、施滉、黄励等烈士牺牲于此。英烈精神不仅没有被历史的长河冲淡，反而历久弥坚。在新时期，“雨花英烈精神”得到了新的诠释和传承。

时钧，南京工业大学已故教授、院士、化学工程学家、教育家。他放弃了国外大学的从教机会，毅然回国坚守化工教育事业，把一生献给了三尺讲台。弥留之际，90岁高龄的时老在病床上满含热泪，举起右拳，郑重宣誓，如愿加入中国共产党。

刘杨，美国密歇根大学博士，37岁博士毕业后在硅谷创办了一家物联网公司。但在公司蒸蒸日上的时候，刘杨却选择回国创业，在苏州创立智能安防公司，并将美国的公司转让。刘杨的想法很简单："我是中国人，在美国做得再好，也是美国企业。"

在"雨花英烈精神"的感召下，新时期的海归用行动诠释着责任与担当。数据显示，目前江苏省留学回国人员总量超过8万人，年增长率均超过20%。

在千万次追寻中，精神的力量已悄然融入百姓生活。2008年在坍塌教学楼里连续救出4名学生后以身殉职的人民教师谭千秋；2010年因舍身救人而牺牲在玉树的香港义工黄福荣……这种舍身为民的精神，让更多人在信仰的坚守和传承中，一天天挺拔起来。

雨花英烈的感人事迹集中展示了革命者的政治立场和思想境界，凸显升华了共产党人的精神气质。

在新时期，"雨花英烈精神"代表一种信念、一种思想、一种意志，呈现的是精彩故事，推动的是整个中国。

坚定的理想信念是共产党人经受住任何考验的精神支柱。

理想信念决定了“我们从哪里来、到哪里去”。

雨花英烈精神最集中、最突出、最震撼人心的是“真信仰”。

信仰至上

崇高理想信念

在实现中华民族伟大复兴的奋斗历程中，中国共产党人日臻形成能够涵养后人灵魂的精神谱系，包含红船精神、井冈山精神、苏区精神、长征精神等，以及新的历史时期创造的以改革开放、开拓创新为主要内容的时代精神。

“雨花英烈精神”与井冈山精神、长征精神一样，是以马克思主义为理论基础，蕴含着中国共产党和中国革命的历史实践。中国共产党的精神谱系是不断延伸的，不论环境如何变迁，信念坚定、勇于奋斗、甘于奉献等精神始终是中国共产党精神谱系的基本内核。

习近平同志指出，在雨花台留下姓名的烈士就有1519名，他们的事迹展示了共产党人的崇高理想信念、高尚道德情操、为民牺牲的大无畏精神。中国共产党是用马克思主义理论武装起来的先进政党。在中国共产党建立以来的近百年间，我们党从弱小走向强大，依靠的正是无数共产党人对于崇高理想信念的忠诚，对于高尚道德情操的坚守，对于为民牺牲的无怨、无悔、无畏。

革命理想高于天。雨花英烈用生命诠释了信仰的力量，用鲜血印证了共产党人对于崇高理想信念的忠诚。他们以不怕牺牲、视死如归的精神，为国家独立、民族解放、人民幸福慷慨捐躯、舍生取义。他们中的许多人家境殷实，正值花样年华，却义无反顾地抛洒鲜血，为远大理想矢志奋斗。他们深知矢志追求的理想并不会在自己手中实现，但坚信经过一代又一代人持续努力，崇高理想就一定能实现。面对家庭误解，面对利益诱惑，面对白色恐怖，在亲情、友情、爱情和国家民族大义之间，他们做出了毅然决然的人生选择。

坚定的理想信念是共产党人经受住任何考验的精神支柱。理想信念决定了“我们从哪里来、到哪里去”。雨花英烈精神最集中、最突出、最震撼人心的是“真信仰”。有了真信仰，就会有正确的世界观、人生观、价值观，就会把“人活着是为了什么”这个根本问题想通想透。唯有对信仰真选择、真认同、真践行，才能在有限的生命长度中不断拓展人生价值的宽度和厚度，用信仰之石筑就共产主义事业的万里长城。

雨花英烈的时代呐喊

链接

“人生自古谁无死，况复男儿失意时。多少头颅多少血，续成民主自由诗。”这是“北平五烈士”之一的谢士炎在狱中写就的诗作，字字血泪，写尽谢士炎毕生的崇高理想和追求。

“革命是我第一生命，我决不退社！”这是郭凤韶的呐喊。

许包野是一位留洋博士。旅欧期间，他在中共旅欧支部的领导下参加斗争。这位为共产主义事业奋斗12年的烈士，在牺牲长达半个世纪后，他的妻子才知道丈夫已壮烈牺牲。

在当年牺牲的雨花英烈中，有一部分人年龄不到30岁，大多受过高等教育，还有部分留洋海外。然而，在灵魂与肉体的双重考验下，作为共产党人，他们视死如归，用生命践行对党的信仰和对人民的诺言。崇高理想信念是支撑共产党人不屈身躯的钢铁脊梁。雨花台烈士中的大多数共产党员，是在20世纪二三十年代入党的。那时，中国革命充满危机，前途未卜，一切均在艰苦卓绝的奋斗之中，正是伟大的信仰决定了他们的政治选择和人生道路。坚定崇高理想信念，矢志兴邦，是雨花英烈对国家和民族责任的担当。

恽代英：革命青年的楷模

恽代英（↑）

幼年恽代英（右二）与母亲、兄弟的合影（→）

链接

“我身上没有一件值钱的东西，只有一副近视眼镜，值几个钱？我身上的磷，只能做四盒洋火。我愿我的磷发出更多的热和光，我希望它燃烧起来，烧掉古老的中国，诞生一个新中国。”这是恽代英1920年写下的一首诗。

这位革命家从青少年时代就积极投身爱国救亡运动，“是那个时代呼唤革命风暴最矫健的海燕，最出色的鼓手”。为了一个新生的中国，他举身自燃，散发出销熔金石的热力，迸射出绚丽多彩的光焰，以其思想和行动影响了整整一代青年。

恽代英是在武汉长江边长大的。1895年，他出生于武昌一个书香门第。20世纪初的武汉，早已被深深打上半殖民地的烙印。汉口沿江一带租界林立，外国军舰在长江上横冲直撞。一部近代中国屈辱史，给少年时代的恽代英留下了难忘的印记。

在“修身立志”“兼济天下”传统思想的熏陶和维新志士爱国献身精神的激励下，恽代英立下了救国兴邦的志向。1927年1月8日，恽代英曾回忆说：“我常回想到在我十三四岁的时候，所想象的只是‘中流击楫’‘揽辔澄清’的人格。”

1913年，恽代英以优异成绩考入武昌中华大学预科班，后转入本科学习。期间，他目睹在帝国主义和封建主义的双重压迫下，民族灾难日益深重，国家越来越贫弱。

私立武昌中华大学旧址（↑）

古老中华将向何处去？秉持“学一门认识世界、改造社会的学问，以尽我人子之劳”的想法，他选择了中国哲学专业，把个人抱负同国家前途和民族命运紧密联系起来。为了肩负起救国的责任，恽代英多次在日记中表示“欲立人者，不可不先己立”。他将中外先贤哲人格言写在日记上，作为自己人生的座右铭，从学识、才能、思想特别是品德方面锻造自身。

踏实努力实践古训

链接

据恽代英的同学冼百言回忆：“‘言而有信’‘身体力行’‘不愧不怍’‘先天下之忧而忧，后天下之乐而乐’等治学做人各方面的古训，在别人看来不过教条、文学方面写文而已，而他只要认为现在看来还是适用的，就踏踏实实努力实践。”

1917年，恽代英发表《我之人生观》一文，鲜明地表达了人生之目的在于“利社会、利国家、利天下”的思想。同年，他组织了具有强烈爱国精神并注重个人品格修养的进步团体——互助社，这是全国最早的爱国学生进步团体之一。日后，从这一组织中走出了林育南、黄负生、肖鸿举等早期中国革命的中坚人物。

《新青年》杂志问世，号召广大青年在如初春、如朝日、如百卉的宝贵青春时期，用民主和科学的良药来救治中国政治、学术、思想上的一切黑暗，惊醒了长期被束缚于封建桎梏中的一代青年。《新青年》传播所到之处无不激起思想革命的火花。恽代英读后欢呼这是“传播自由、平等、博爱、互助、劳动的福音”。此后，恽代英在《新青年》《青年进步》《东方杂志》等刊物发表各类文章80余篇，成为武汉地区新文化运动的核心人物。

1918年5月，为反抗日本对中国东北的侵略，全国各界掀起了抵制日货的运动。恽代英和互助社成员一道，上街调查国货状况。调查结果深深震动了他：一个地大物博、人口众多的国家，莫说飞机汽车不能制造，就连日常生活用品，如铅笔、洗脸盆等都是“洋货”。在帝国主义的压迫和侵略下，贫穷落后的中国社会现实，大大刺痛了恽代英的民族自尊心，更进一步激发了他的救国热情。

恽代英的《力行救国论》

链接

恽代英曾写下《力行救国论》，列举了当时流行的改良政治、移风易俗、振兴实业、提倡教育等主张。

在书中，他明确指出："但好口说争辩，而不实行，或实行而不切实、不勇猛之过。……吾意今日欲救国家，惟有力行二字。"

为了提倡国货，恽代英身体力行。鉴于当时国内用的理发推子多是日本产品，他索性用传统的剃刀把头发剃光。自此以后，恽代英总是以光头形象示人，经常身穿灰布长衫，脚着布鞋，戴着厚厚的近视眼镜。

1919年五四运动爆发，对于在封闭中沉睡千年的中华大地，是一个长夜破晓的时刻。恽代英挺身而出，组织和领导了武汉地区的学生反帝爱国运动。五四运动后，马克思主义在中国进一步传播，加速了他探索真理的步伐。

救国："惟靠我自己"

链接

1919年5月19日，恽代英在日记中写道："国不可不救。他人不肯救，则惟靠我自己。他人不能救，则惟靠我自己。他人不下真心救，则惟靠我自己。"

学生时代的恽代英（↑）

1920年2月，他在武昌成立利群书社，致力于介绍新文化、新思想。1920年7月，长沙文化书社成立后，毛泽东曾恳请恽代英作信用介绍，方便书店向外埠购书。这两个书社关系甚密，成为盛开在南中国宣传新文化和新思想的并蒂莲。

为探索救国救民的真理，恽代英对各种思想流派进行研究。无政府主义、新村主义先后吸引过他，教育救国思想一度也被他奉为救国救民的良方。然而残酷的现实告诉他，和平改良是一条死路。在深沉而强烈的爱国情怀驱使下，恽代英最终在分析比较各种救国思潮的基础上选择了马克思主义。1921年底，恽代英经陈独秀介绍加入了中国共产党。

链接

恽代英翻译《阶级争斗》

恽代英应陈独秀之约，翻译了考茨基的名著《阶级争斗》，并由新青年社出版。这部译作对毛泽东、周恩来、董必武等确立马克思主义信仰都产生过深刻的影响。

1921年10月，恽代英溯江而上，经重庆来泸县，担任川南师范学校教务主任。此前，他先后任教于武昌中华大学附中和宣城安徽省立第四师范学校。他在五四时期激流勇进，由救国而走上革命道路的过程，就是由一个奉行“教育救国论”的青年教育家转变为身体力行的革命教育家的过程。

从教伊始，恽代英就为自己立下了“一言一行，不愧人师”的标准。他大胆实施新式教育，总是注意教育学生要有良好的操行，并向他们灌输爱国主义思想，反对学生闭门读书、不关心国家大事，认为有“在学生代养奋斗能力之必要”。他要求学生做到的，自己必先以身作则。

在宣城师范，恽代英常用中华民族近80年屡遭列强侵略的惨痛历史来激励学生，要学生记住“天下兴亡，匹夫有责”，关心政治，担负起救国救民

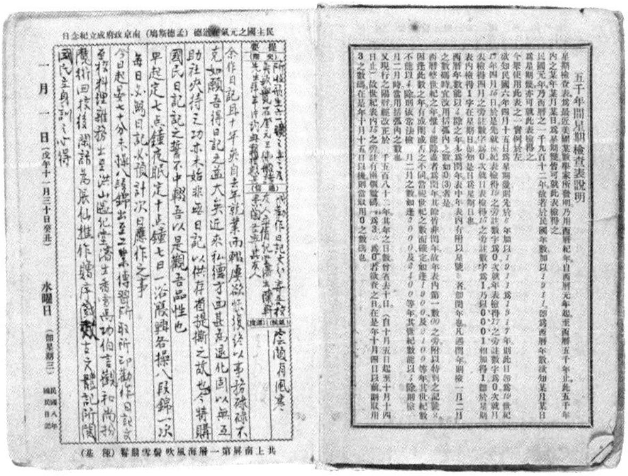

恽代英日记（↑）

的责任。恽代英丰富的学识和卓越的才能令学生景仰，他俭朴的生活作风更让师生们深深敬佩。

恽代英认识到仅仅对学生进行爱国主义教育是不够的，更要对学生进行反帝反封建的革命教育。在川南师范学校，他利用教授外文的机会，积极向学生宣传马克思主义的革命理论，并把自己翻译和保存的马克思主义的经典著作在进步师生中秘密传阅，把他们团结在自己的周围。

寒假期间，他组织川南师范师生成立童子军巡回演讲团，自任团长，率领他们下乡做巡回演讲，广泛传播革命思想。这种直接与工农接触的实践活动，极大地激发了学生的革命激情和爱国思想，也为所到之处的青年们指明了道路。

链接

《少年中国》记载巡回演讲团

据《少年中国》记载，恽代英组织的巡回演讲团由教员6人、学生24人组成，涉足“隆昌、内江、自流井、富顺、南溪、宜宾、江安、纳溪、合江等县，往返1月，行1000余里，讲演20余次，沿途考察社会状况，顷方返校”。

上海淡水路朱衣里《中国青年》编辑部旧址（↓）

1922年，在恽代英的领导和组织下，川南师范学校进步师生成立了马克思主义研究会，并在此基础上，成立了泸县最早的团组织，为在四川发展革命力量，建立中共党团组织奠定了基础。

中国共产党成立初期，马克思主义著作出版很少，而广大青年渴望学习马克思主义和社会科学的理论，以解答国家的前途、命运和个人价值取向等诸多问题。1923年10月20日，中国社会主义青年团机关刊物《中国青年》在上海淡水路66弄4号秘密诞生，很快就成为国内最受欢迎的青年杂志。恽代英任《中国青年》主编，并为主要撰稿人之一。

为了办好这份刊物，恽代英殚精竭虑，不遗余力。他关心青年、热爱青年，长期的教育生涯也使他十分了解青年。他主张不要用空泛的道理说教，而是根据青年人的特点，将革命道理用浅显生动的语言表达出来，使青年备感亲切。

郭沫若回忆恽代英

链接

郭沫若曾深情回忆："代英在四川泸县做过师范工作，四川的青年受他的影响的，因此也特别多……四川那样山坳里，远远跑到广东去投考黄埔军校的一些青年，恐怕十个有九个是受了代英的鼓舞的吧！"

当时学术救国、教育救国、科学救国等思潮在青年学生中具有不小的影响力。恽代英在《中国青年》上对此发起讨论，发文指出，在中国不打倒军阀统治，不打倒帝国主义的侵略势力，纵有几千几百个技术家也救不了国家。只有改变了政治制度，才谈得上学术、教育、科学。"与其从理论的书籍入手，不如从具体的事实入手。"

他认为一个有志青年，首先必须破除"自私"和"游惰"的恶习，从日常的细微之处做起。为有益于社会改造的事业去牺牲时光，牺牲金钱，这是救死不暇的中国所必要的。只有如此，才能培养起革命的情操。否则无论他怎样自负有志，终究于人类没有益处。

因此，他提出："每星期至少牺牲六小时，作有益于社会改造的事业；每星期至少牺牲六小时，作时事与社会改造理论与办法的研究；有收入时至少捐出十分之一，作有益于社会改造的事。”这个倡议在青年中引起了热烈反响。

恽代英对青年的学习、工作、婚姻等切身问题也极为关切。他发现一些青年或因不满当时社会现实而烦闷忧愤，或为封建包办婚姻而苦恼伤心，还有一些为失业而惆怅茫然。为帮助青年认识和分析产生这些社会弊病的根源，他指出这都是不合理的社会经济制度造成的，在目前这种政治经济状况下，要根本解决这些问题，只有努力改变经济制度。

书信交往

链接

恽代英不仅用文章与青年交朋友，而且还与广大青年群众保持最密切的联系。他每天都要收到几十封甚至上百封读者来信，还有许多青年不远千里登门求教。对于青年读者的来信，他不管多忙，都和其他编辑一起写信回复。将有典型意义的文章刊登在《中国青年》上，以期引起讨论。对于慕名来访者，他总是热情接待，回答他们提出的问题，解决他们的实际困难。

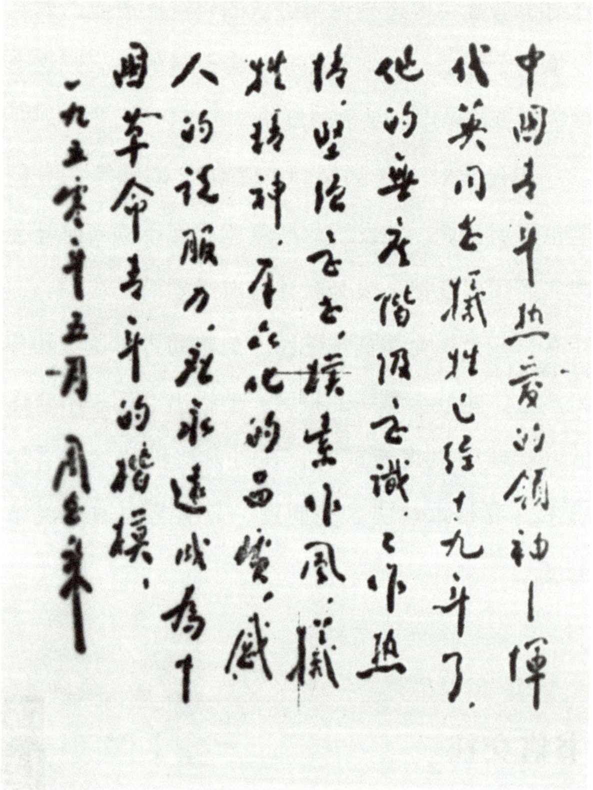

中国青年热爱的领袖——恽代英同志牺牲已经十九年了，他的无产阶级意识，工作热情，坚强意志，朴素作风，牺牲精神，群众化的品质，感人的说服力，应永远成为中国革命青年的楷模。

一九五〇年五月 周恩来

链接

周恩来为恽代英题词

1950年，周恩来为纪念恽代英牺牲19周年题词，对他的一生作了高度的概括："中国青年热爱的领袖——恽代英同志牺牲已经19年了，他的无产阶级意识，工作热情，坚强意志，朴素作风，牺牲精神，群众化的品质，感人的说服力，应永远成为中国革命青年的楷模。"

大革命失败以后，恽代英先后参加领导南昌起义和广州起义。他坚信革命的失败只是暂时的挫折。他鼓励革命青年：“‘秀才造反，三年不成’。假如我们决心造30年反，绝不会一事无成的。年轻人，有决心干30年革命，你不过50岁。接着再搞30年建设，你不过80岁……我们吃尽苦中苦，而我们的后一代则可享到福中福。为了我们最崇高的理想，我们是舍得付出代价的。”

1931年4月29日午时，恽代英神色坦然，昂首挺胸走出国民党中央军人监狱的牢房，走向刑场……他用英雄的壮举实现了自己发出的革命誓言，把自己的生命毫无保留地献给了中华民族独立自由富强的解放事业。

周恩来题词（←）

国民党中央军人监狱旧址（↓）

张霁帆：直挂云帆济沧海

张霁帆（↑）

泸州川南师范学校遗址（→）

链接

宜宾，四川南部川、滇、黔交界的叙州古城，有多条江河在此奔腾而过，汇成长江上游的起始流域。江水滋养着这里，孕育了悠久的历史文明。

20世纪20年代初，中国内忧外患，风雨如磐，宜宾走出了一批矢志救国救民的知识青年。张霁帆是其中一位。他由中国共产党早期领导人、中国青年运动的领袖恽代英带领，朝气蓬勃地走上革命道路。

父母希望他的人生如丽日行船，一帆风顺，而他却以“直挂云帆济沧海”的心胸，乘长风破巨浪，扬帆远航。暴风雨中，他的云帆最后高悬在长江下游的南京，一直在召唤着后来的青年劈波斩浪，继续前进！

1921年春，在位于四川泸州的川南师范学校开学之际，来自宜宾乡间农家的新生张霁帆激动地走进教室。他眉目清秀，聪颖好学，成绩优秀。因兄殁父病，家道艰难，他凭借自学，完成了初中全部课程，考入这所25个县域内惟一的师范学校。张霁帆特别珍惜这来之不易的学习机会。

这年7月，中国共产党在上海成立。不久，恽代英为了传播马克思主义、培养青年学生，进入四川。11月，恽代英受聘到川南师范学校任教务主任，次年任校长。他大刀阔斧地进行教育改革，聘请优秀教师到校任教，使受旧习熏染和军阀蹂躏的学校生机勃发。同时，他积极开拓革命阵地，在课堂上对学生进行新思想、新知识的教育，并深入学

生之中，通过多种形式，启发学生觉悟。他的周围很快聚集了一批进步学生，其中张霁帆等人的表现尤为突出。

张霁帆一面刻苦学习课业知识，一面积极参加恽代英组织的读书会、学行励进会、马克思主义研究会，认真阅读《共产党宣言》《共产主义ABC》《新青年》《向导》等书刊，接受马克思主义理论。恽代英每周三、六晚上在白塔寺泸县通讯讲习所演讲，他次次必听。1922年寒假，他参加了恽代英组织的巡回演讲团，徒步在川南各地进行革命宣传，并广泛接触工人农民，认识到民众遭受剥削压迫是黑暗的社会制度所致，思想觉悟迅速提高。

1922年5月，恽代英组建泸州最早的社会主义青年团组织，张霁帆由恽代英亲自介绍，第一批被发展入团。作为四川最早的团员之一，他从此走上反帝反封建的革命道路。

暑期，恽代英前往上海为川南师范学校购置图书仪器时，担任永宁道尹的军阀悍然撤销恽代英的校长职务，解聘优秀教师，并在新学期开学前将恽代英扣押。这些倒行逆施，引起学校师生的愤慨。张霁帆等团组织负责人立即行动，通过学生会组织学生去道尹公署请愿，发动学生罢课，联合优秀教师发起“择师运动”，要求当局收回成命，释放恽校长，并邮电告知省内。

“择师运动”风潮传遍川南各校，波及全川，成都、重庆等地学校纷纷声援川南师范学生的正义行动。这场斗争历时一百多天，川南师范的学生们终于获胜。这是张霁帆初次参与领导学生运动，他经受了锻炼和考验。

恽代英对张霁帆等人的评价 链接

恽代英在致友人信中写道：“我于此次很感激四川持正义的一些先生，尤其感激川南师范一班可爱的真挚青年……赢得了这些浓厚的同情，比平平稳稳的教授讲演功效大了十倍……学生联合的活动是改造社会的生力军。”

1923年初，恽代英应成都高等师范学校校长吴玉章之聘，前往该校任教。为保存革命力量，恽代英带着张霁帆等学生骨干同去成都。张霁帆进入成都蚕桑专科学校学习，并秘密与成都社会主义青年团组织的创始人、领导人王右木联络，投入成都革命斗争。

春夏间，以重庆、成都为中心，四川人民掀起了反对日本帝国主义的斗争浪潮。张霁帆组织宣传

张霁帆和友人的合影（↑）

队伍到街头演讲，号召成都市民购买国货，抵制日货。6月7日，成都学生联合会召开60余校、1.4万多人参加的群众大会并举行游行，他走在游行队伍的前列，带领大家高呼反日口号。

为了进一步发动青年，社会主义青年团成都地方执行委员会书记王右木领导团组织创办刊物《青年之友》，张霁帆等人负责刊物的编辑发行。刊物以革命思想对青年启蒙教育，受到当地进步青年的欢迎。张霁帆等人还成立了社会主义青年团的外围组织——青年之友社，该社成员后陆续加入了社会主义青年团。

张霁帆多方面开展团结教育青年的工作。团中央机关刊物《中国青年》第一期中对有志者提出了三个要求："每星期至少牺牲六小时，作有益于社会改造的事业；每星期至少牺牲六小时，作时事与社会改造理论与办法的研究；有收入时至少捐出十分之一，作有益于社会改造的事。"张霁帆热烈响应这一提议，并在他所参加的成都青年进步社团蓉社进行实践，得到《中国青年》主编恽代英的赞扬。他还主动团结在蓉的宜宾青年，组织宜宾留省同乡会，以求共同砥砺学业，关心国家，探究改造社会之法。他在该会会刊上发表《一个改造社会可能的办法》等文章，阐明救国主张。

1924年2月8日，军阀杨森等倚仗北洋军阀吴佩孚的支持，率部攻占成都，无恶不作。王右木、张霁帆等人刻写油印传单，组织团员到街头张贴散发，揭露军阀的罪恶行径，号召人民起来斗争。杨森被委任为四川督理后，命督署秘书秦正树筹办报纸。秦正树已秘密加入社会主义青年团，经组织同意，王右木为总编辑、张霁帆为编辑的《甲子日刊》创办出版。张霁帆等人借报纸主张还政于民，反对防区制和军阀混战，也宣传马克思主义，颂扬俄国革命的成就等。不久，该报被杨森下令停办。

张霁帆凭着忠于革命事业的信念和领导青年运动的才华，赢得了组织的信任和团员的拥戴。1923年7月至11月，他代理社会主义青年团成都地委委员长。1924年3月，他当选为社会主义青年团成都第四届执委会书记。

时值第一次国共合作初期，国内掀起了废除不平等条约运动。为了明确学生在反帝废约中的任务和作用，中华全国学生联合会第六次全国代表大会于8月4日在上海召开，张霁帆作为川南学生代表前往出席。会议期间，他向时任社会主义青年团中央局委员的恽代英汇报了个人的思想和工作情况，恽代英亲自介绍他加入中国共产党。

全国学联六大后，为给团中央创办的南京钟山中学充实办学力量，经恽代英介绍，张霁帆于9月来到南京，任该校国文教员。饱读诗书的他对古都南京素怀情感，格外看中这次工作机会。他以扎实的国学和文字功底认真教书，像恽代英那样广泛接触并积极引导学生，秘密从事南京团地委的工作。11月初，当选为南京团地委秘书。

张霁帆和社会主义青年团南京地委委员刘重民等人根据中共中央关于促进召开国民会议的指示，积极领导南京人民广泛开展国民会议运动，以求结束军阀统治，废除不平等条约，争取国家的和平统一。他们走上街头宣传鼓动，散发“告各界人士书”。

1925年1月9日，南京国民会议促成会筹备会在东南大学举行，张霁帆被推选为筹备会交际股委员。他和交际股成员到各处接洽，联系各团体踊跃加入南京国民会议促成会。后筹备会增改组织，张霁帆任编辑组组长。经过一个多月的紧张工作，南京国民会议促成会成立大会于2月15日在秀山公园召开。会议号召民众团结起来，促进国民会议运动的成功。

其间，张霁帆还领导了南京非基督教反帝爱国斗争。入侵中国的帝国主义势力长期利用基督教从事文化侵略和特务活动，引起中国人民的愤怒。《中国青年》发表《反对基督教运动》一文，号召团员和青年广泛发动各界人士举行反对基督教运动，南京团地委响应号召。圣诞节之夜，在军阀宣布戒严、禁止一切集会游行的恶劣环境中，张霁帆组织团员分8个组，带着小册子、传单，分别到基督教势力集中的金陵神学院、花牌楼青年会等地散发，揭露帝国主义者的罪恶。

1925年3月，张霁帆被调至上海全国学生联合会工作。不久，震惊中外的五卅运动爆发。其时，恽代英领导上海学联和全国学联总会，负责青年学生工作，是五卅运动的发动者和领导者之一。在

1925年1月9日报纸（↓）

曆甲子年十二月十

南京
△國民會議促成會開籌備會　南京學生聯合會、國政
局轉變而後、國民會議之呼聲、日高一日、誠以解決國
是、舍此別無他道、特發起南京國民會議促成會、於前
日下午二時、假東南大學開籌備會、到會者有學生聯合
會、青年學會、撻崖青年會、政治經濟學會、南京華僑學
生會、合作社、工科大學學生會、愛群社、貴州旅甯學生
會、平民通社、婦女問題討論會、社會科學研究會、中國
國民黨南京第一第二第三區黨部常務委員聯合會等十
三團體、二時許開會、議決組織籌備委員會、設立總務
文書交際宣傳庶務五股、當經推定省農會朱遜樵朱丹
父三人為總務股委員、劉孝流嚴紹彭二人為文書股委
員、自治協進會張霽帆曹壯父三人為交際股委員、報界
聯合會林劍呂莊伯棠三人為宣傳股委員、文化雲臺島
南二人為庶務股委員、俾便分頭接洽一切、並議決所
有用費、由各團體擔捐、請交際股向各方接洽、加人進
行、辦事地點、暫行預借、開會日期、定舊曆元月初旬舉
行、至六時始散會、
△警廳佈告遣送傷兵辦法　上次江浙戰爭、蘇軍受傷

屋濱海、地本
挂流及妻何氏、
職蓄、羅妻平日
預圖刧掠者、行
留贊人把風、進
舖帳家具外、竊
箱一個、羅妻身
去皮箱二個、甲
嫁、另有大箱一
外有手車四輛、
敢聲張、聞匪從
飛報、公安局籌
又派電船三艘、
警戒云、（一日）

廣州
△雅瑤輪被刧
永拜不過一小時
艘、名曰雅瑤、
四時半、該輪由

恽代英的领导下，五卅惨案发生后，张霁帆立即组织学生参加南京路上的反帝示威游行。他在闹市区向市民演讲顾正红被帝国主义枪杀和爱国学生被捕的情况；带领学生到帝国主义巡捕房抗议，要求释放被捕学生。

为把五卅惨案的真相告知全国人民，全国学联总会派出一批宣传特派员赴各地，张霁帆被派往河南，8月11日抵达开封。他向河南人民揭露帝国主义屠杀中国人民的暴行，宣传五卅反帝爱国运动。时值暑期，他与李求实等在中共豫陕区委举办的党员训练班授课，提高受训党员的马克思主义理论水平。这些党员后来都成为农民运动骨干。

随着大革命高潮的到来，为发展中原要地河南的革命形势，优秀的青年团干部张霁帆被留在河南工作。1925年10月，他担任共青团豫陕区委组织委员；1926年3月，他担任中共豫陕区执委委员兼青年团豫区执委书记，任职期间，他把河南青年学生中的青年社、青年学社、青年救国团、青年干社四个团体合并组成河南青年协社，该社成为共青团在河南建立的第一个外围组织。他组织出版进步刊物《河南青年》。这些工作的开展，加强了中共对河南青年运动的领导。

由于河南地区战争频繁，农民在多重压迫下苦不堪言，纷纷自发组织起红枪会等民间团体，反抗军阀土匪抢劫骚扰，拒缴苛捐杂税，实行武装自卫。为了加强对农民斗争的领导，张霁帆奉命带着一些干部深入豫西乡村，广泛发动群众，组织农民协会，引导红枪会向土豪劣绅等反动势力展开斗争，使豫西的农民运动轰轰烈烈地开展起来。他根据斗争实践，撰写了《介绍河南红枪会》一文，登载在《中国青年》第126期上，为党开展农村工作积累了经验。

张霁帆还肩负着豫陕区委向上海中共中央请示汇报工作之责。他沉着机智，一次次往返于上海与开封之间。长期艰苦紧张的生活，使张霁帆沉疴在身，但他却把个人健康、安危置之度外。

1926年7月，国民革命军出师北伐。盘踞南京的军阀、苏皖赣浙闽五省联军总司令孙传芳负隅顽抗，加紧摧残革命力量。8月上旬，张霁帆去上海向中共中央请示汇报工作后，搭乘火车返回开封。途经徐州站时，敌人非法搜查到他携带的进步书刊后逮捕他，并立即押解到南京小营陆军监狱关押。敌人对他施以酷刑，病重不给医治。张霁帆抗议敌人的逮捕，痛斥军阀祸国殃民，拖着病体毫不屈服，没向敌人透露一点党的机密。8月下旬，敌人用毒药将他杀害。

张霁帆是大革命时期青年运动的先锋，是牺牲在南京的第一位共产党员。

谢文锦：此生且向光明行

谢文锦（↑）

链接

1921年，隆冬季节的莫斯科处于冰雪酷寒之中。这个世界上第一个社会主义国家，在国际帝国主义势力的包围中，正克服严重的经济困难，艰难地进行国内建设，以缓解严重的物资匮乏状况。然而，普希金广场旁花园街的一幢三层建筑内，莫斯科东方劳动者共产主义大学（简称“东方大学”）中国班留学生的两间简陋宿舍里，经常传出一阵阵激昂雄壮的歌声：

同志们，
向太阳，向自由，
向着光明走！
同志们，
黑暗已消灭，
曙光在前头！

歌声驱逐着严寒和饥饿，革命激情如烈火般燃烧在中国学子心间。这是一首列宁生前喜爱的俄文歌曲，名为《光明赞》。此刻，带领中国同学用中文高唱这首歌的，正是《光明赞》的译者之一——谢文锦。

谢文锦后来回国肩负起工作重任，在广州、浙江、上海、南京等地从事革命活动，担任过中共中央秘书、鲍罗廷的翻译、上海总工会中央党团成员、中共上海区委委员、中共南京地委书记，33岁即献身于中国人民的解放事业。他是中国共产党早期的革命活动家，他的一生都在向着光明前进，用鲜血和生命谱写了永恒的光明赞歌。

温州独立支部遗址（←）

岩头小学遗址（↑）

1894年3月3日，谢文锦生于浙江省永嘉县楠溪潘坑村，山水诗大家谢灵运是其先祖。7岁时，他入读岩头普安寺私塾。因天资聪慧，热爱学习，后随塾师至广化高小读书。1911年，他考入在温州的浙江省立第十中学。进校不久，因来自偏僻山乡，遭几个豪绅子女的歧视和欺凌。他据理反驳，竟被校方以“思想激进”的罪名开除。

谢文锦的心，始终是向着光明的。他不屈服于黑暗势力，经过插班考试，于翌年进入位于杭州的浙江省立第一师范学校学习。

浙江省立一师是中国建立最早的著名师范学校之一，校舍宏伟，设备完善。尤其是校长经亨颐秉持民主、进步的教育思想，学校大师云集，成为浙江新文化运动的中心。夏丏尊、李叔同都曾是谢文锦的老师。在这所当时被誉为“浙江最负盛名的学校”里，先后走出杨贤江、俞秀松、汪寿华等优秀学子，并成为中国共产党早期党员。谢文锦在学校良好的氛围中养成了健全的人格，培养了与时俱进的精神，得到全面发展。

1917年，谢文锦从浙江省立一师毕业后，回到家乡。他变卖家产，节衣缩食，想方设法筹措经费，创办了岩头高等小学。他聘请了进步教师，选用新课文，宣传新文化、新思想。由于他鞭挞封建礼教，同情农民疾苦，引起土豪劣绅的仇视，被污蔑中伤为散布“邪说”“混乱族规”。谢文锦针锋相对，坚决斗争。在他的谆谆教诲之下，许多学生开始深入思考社会与人生，其中，金贯真、李得钊等进步学生后来成为浙南最早一批共产党员，并为革命事业英勇献身。

1917年秋，俄国十月革命胜利，使谢文锦深为震撼。此后，他密切关注世界革命和国内政局的风云变幻，经常与杭州、上海的师友、同学联系交流，阅读了大量的进步书籍，爱国民主思想越发坚定。

粗茶淡饭过人生

链接

谢文锦自小读书，家境较宽裕，但他勤于劳动，生活简朴。还在浙江省立一师读书时，每到假期，他总回家下地帮着干农活，清晨鸡鸣起床打扫猪棚积肥。他一直穿着家织土布衣裳，夏季也仅穿一件土制绸衫。他常对妻子说：“粗茶淡饭吃得饱，粗布衣裳遮得牢，足矣！”

外国语学社外景（↑）

1919年，谢文锦告别亲人，离开家乡，来到黄浦江畔的上海。这一年，北京五四爱国运动爆发。消息传来，上海掀起群众性反帝爱国运动的高潮。他积极参加五四运动，走向社会，投身现实斗争，开始改造中国社会的思考与探索。进入陈独秀创办的《新青年》杂志社工作，是谢文锦人生重大转折的开始。该杂志社云集了上海早期的共产党人和革命知识分子。《新青年》介绍新文化、新思想，特别是重点宣传俄国十月革命和马克思主义，使他初步学习、了解了社会主义理论，明确了人生的前进方向。他志在救国救民，向往列宁领导创建的苏维埃社会主义国家，选择“走俄国人的道路”。1920年，谢文锦加入上海社会主义青年团。

1920年4月，主持《新青年》杂志社的陈独秀等人酝酿成立中国共产党上海早期组织。为了输送革命青年赴俄国学习，为中国共产党准备干部，在共产国际代表维经斯基的支持下，陈独秀等人于9月在上海法租界霞飞路渔阳里6号创办了上海外国语学社。学社名义上向社会公开招生，实际由各地共产党早期组织选送学员。

谢文锦由上海社会主义青年团首任书记俞秀松等介绍，参加了学社的学习。他的同学有刘少奇、萧劲光等20余名社会主义青年团员，主要学习俄语和马克思主义著作。经过8个月的学习后，上海共产党早期组织于1921年春派遣他与刘少奇等20多名青年团员，分批行动，乔装成裁缝、理发匠等手工劳动者，从上海出发，前往莫斯科的东方大学。一路上，他们通过了多道检查关卡，克服了重重困难，经长途跋涉，抵达莫斯科。

谢文锦与同学合影（↑）

8月1日，谢文锦、刘少奇等首批26名中国留苏学生在东方大学登记注册，并领取了学生证。10月21日，东方大学正式开学，他与刘少奇、萧劲光、蒋光慈等成为中国班第一期学生。学习的课程有科学社会主义、政治经济学、辩证唯物主义、俄语等，还包括一些马列主义名著，如《共产党宣言》《青年团的任务》等。学校集中了当时苏俄国内一批经验丰富的革命理论家和实践家授课，其中有共产国际领导人、学识渊博的专家学者，如在中共建立过程中发挥重要作用的维经斯基、苏联科学院院士瓦西里耶娃等都曾为他们授课。

随着学习的深入，树立起坚定共产主义信念的谢文锦于1922年12月转为中国共产党党员，走上了献身中国革命之路。

1923年冬，谢文锦完成在苏联的学业，随苏联派驻中国国民党代表鲍罗廷回到国内。他任中共中央秘书，并在广州担任鲍罗廷的翻译，协助孙中山先生筹备改组国民党，实行第一次国共合作。

谢文锦和萧三翻译《光明赞》

链接

谢文锦学习勤奋刻苦，待人热情和气。在法文班学习的萧三调入中国班就读后，俄文基础较差，谢文锦就主动辅导萧三，并教他唱俄文歌曲《光明赞》，使他的俄文进步很快。谢文锦和萧三还一起将这首《光明赞》译成中文，在中国留学生中传唱。不久，这首歌随着回国的同学传入国内，在革命者之间广为流传，成为激励人们为真理而斗争的一首战歌。

1924年4月，谢文锦任中共上海地委委员、秘书兼组织部主任。同年秋，他奉中共中央指示，与共产党员胡公冕一起回到浙南温州，建立党团组织。他在多地进行社会调查，通过访亲会友、邀请座谈及集会演讲等形式，向工人、农民、学生、实业界人士等进行革命宣传。他在省立十中、女子师范讲习所等学校所作的《妇女平等》《俄国十月革命与马克思主义》等演讲，深入浅出，通俗易懂，激励人心，在青年学生中产生了很大反响。

在深入工作的基础上，他亲自介绍一批同志先后加入社会主义青年团和中国共产党。12月，谢文锦领导创建的中共温州独立支部和青年团温州特别支部秘密成立。当时温州独立支部直属中共中央领导，是浙南地区最早的党组织。该支部创办了《温州大公报》《永嘉周报》等进步刊物，宣传革命思想和马列主义。谢文锦在浙南播下了革命火种。

谢文锦孜孜不倦地钻研和介绍马列主义理论。在中共中央机关刊物《新青年》1925年4月第一期纪念列宁专号上，他撰写发表了《列宁与农民》一文。此文是中共早期系统介绍列宁论述农民问题的文章之一，对党从理论上认识农民在中国革命中的重要地位，开展农村土地革命，推进建立工农联盟，起了重要作用。此文受到毛泽东的赞扬，入选广州农民运动讲习所第6期教材。

1925年上海五卅惨案发生后，时任上海总工会总务科副主任的谢文锦，与李立三、刘少奇、汪寿华等一起发动和组织上海工人群众，进行声势浩大的反帝罢工和示威游行。他经常在大会上发表演说，揭露帝国主义的罪行。9月，他与汪寿华、项英、林育南一起当选为上海总工会中共党团成员，领导工会工作，后任上海总工会常委。翌年2月，他担任中共上海区委委员，并先后兼任曹家渡部委、杨树浦部委书记。

1926年7月，国民革命军出师北伐。8月，谢文锦受命来到南京，任中共南京地委书记。当时地委的中心任务是与国民党密切合作，发动人民，迎接北伐军光复南京。谢文锦积极领导地委开展工作，发展党员、工会会员，与国民党南京市党部合作，壮大共产党、国民党和工会组织，运用多种形式揭露军阀孙传芳搜刮民财、祸国殃民、摧残爱国运动、捕杀进步人士、甘为帝国主义走狗的罪行。1927年1月，国民革命军从武汉挥师东进，一路激战，节节胜利，长江下游的孙传芳部土崩瓦解。南京人民欢欣鼓舞，南京国共两党合作更加密切，带领民众，迎接国民革命军的到来。

1927年3月24日，国民革命军第2军、第6军攻占南京。谢文锦及时与第2军第6师党代表萧劲光取得了联系。同一天，发生了英、美军舰炮轰南京城的南京事件。在第2军、第6军支持下，以谢文锦为首的中共南京地委领导南京人民进行了大规模集会和宣传活动，强烈抗议帝国主义武装干涉中国革命的野蛮暴行。

与此同时，蒋介石加速策动反革命政变。他调走了倾向革命的第2军、第6军，由其嫡系部队进驻南京。至4月7日，蒋介石完全控制了南京的军队、警察、水陆交通、通信联络，完成了镇压南京人民的准备工作。

革命形势急转直下，谢文锦临危不惧。这时，他召开了南京党团员活动分子会议，地点在金陵大学一间大房子里，有工人、学生党团员近百人参加。4月9日，反革命势力指使流氓捣毁国民党（左派）江苏省、南京市党部。当日，南京市民在参加肃清反革命派大会结束后进行游行请愿，遭到镇压。4月10日深夜，谢文锦主持召开了中共南京地委紧急扩大会议，研究对策。次日凌晨2时，公安局侦缉队武装特务包围会场，谢文锦等10人不幸被捕。

在暴风雨中抗争

链接

在召开南京党团员活动分子会议时，谢文锦说："暴风雨就要来了，有些人的面貌越来越清楚，我们不能再坐着不动了。在座的都是党团员积极分子，是革命的中坚力量。革命总是要付出代价的，总是有牺牲的。我们不怕牺牲，我们要组织力量，和敌人对抗！"

在狱中，敌人对谢文锦等人施用了残酷的刑罚，但他们宁死不屈。数日后，谢文锦等人被敌人残忍杀害，其遗体被抛入通济门外九龙桥下秦淮河中。

“欲安天下苍生，好教宇宙重新。”谢文锦用鲜血和生命书写了他为光明的新社会而英勇奋斗的壮丽人生。

谢文锦故居（↓）

张应春：妇女解放先驱

张应春（↑）

张应春读书时期生活照（→）

链接

1901年11月11日，江苏省吴江县葫芦兜村张家大房的头胎孩子呱呱坠地，是个女婴。这一天是农历十月初一，农谚有“十月芙蓉应小春”的说法，父亲就将这新生儿取名为蓉城，字应春。张应春长大后因仰慕鉴湖女侠秋瑾，自号秋石。在风起云涌的大革命时期，张应春投身革命，成为中国共产党早期优秀党员、江苏妇女运动先驱。

张应春的家乡是江南水乡古镇——吴江黎里。在黎里镇区，一条贯穿东西的长河将三里长街分成南北两岸。南岸坐落着黎里女子小学，北岸住着当地很有名望的柳亚子一家。

张应春之父张鼎斋曾在家乡建了一所村塾。这所私塾是村上最早的学校，幼年的张应春是这所私塾里一名罕见的女学生。1912年，张鼎斋与堂兄弟一起又办起了葫芦兜初级小学，张应春随父又成了这所小学的女学生。1916年，张鼎斋应聘前往黎里女子小学高小部任教，张应春亦随父去黎里就读。

黎里，在柳亚了等人的影响下，已形成了一股“新派力量”，民主气息甚浓。张应春在环境的熏陶下，逐渐有了妇女解放意识。张应春母亲金氏因一连生下4个女孩，备受家族歧视，以致精神失常。这件事激发了少年张应春对封建思想的仇恨。

要争女权

链接

张应春与柳亚子的小妹柳均权是同窗好友，在上下学的路上她多次对柳均权说：“女子无才便是德，是封建意识，我辈要勤奋学习，要争女权，以天下为己任。”

1919年夏，张应春从黎里女校高小毕业后，在父亲的鼓励下到上海中国女子体育专门学校学习。3年读书期间，她更加关心时局，经常在日记中表达对反动当局的痛恨，对国家兴旺、人民自由的渴望。每次回家度假，常带着妹妹到农家与乡亲们促膝谈心。张应春毕业后去厦门集美女师任教，次年因病回乡休养，结识柳亚子先生。1923年由柳亚

张应春考入女子体育专门学校（↑）

游行（→）

子介绍到松江景贤女中任教。这是一所由侯绍裘等进步人士筹资创办的学校。柳亚子、沈雁冰、恽代英、萧楚女、杨贤江、于右任、杨杏佛、陈望道等各界知名人士经常到学校演讲。这段教学生涯对张应春的人生道路影响颇深，在他们的影响下，张应春于1924年加入改组后的中国国民党，从此走上了革命的道路。

1925年春，张应春回到吴江县，在家乡边教书，边开展革命活动。3月12日，孙中山逝世，在黎里各界举行的追悼大会上，张应春与柳亚子、侯绍裘登台演讲，号召大家时刻不忘忠实执行三大政策，把国民革命进行到底。一席演说赢得了听众的赞佩。会后游行时，张应春手捧孙中山遗像，大步走在游行队伍的前头。11月，由侯绍裘介绍，经中共江浙区委批准，张应春加入了中国共产党。

“革命是我唯一依靠”

链接

张应春在11月17日写给柳亚子的信中说：“我以为入了党，当然以党为前提了，一切多可以牺牲的。……革命是我的唯一依靠。”

张应春将大量精力投入妇女运动。1925年8月，国民党江苏省党部在上海成立，张应春被选为省党部执行委员兼妇女部部长。当时国民党江苏省党部除反帝反军阀外，还须同国民党右派做斗争。

张应春到职后，立即深入基层调查研究，动员群众，组织队伍，统一安排了全省的妇运工作。当国民党右派悍然解散上海妇女运动委员会时，张应春十分感慨，与杨之华日夜奔走，重新筹建，使江苏省妇女运动蓬勃开展。鉴于张应春在革命斗争中的表现，1926年下半年，她当选为中共江浙区委妇女运动委员会委员，又被任命为中国济难会全国委员会委员。

在妇女运动的实践斗争中，张应春痛感自己的母亲以及中国妇女受封建礼教毒害之深，认为妇女要解放，必须受教育，主张创办一所妇女学校，把“人生必要学识灌输到女同胞的脑子里去”。

1925年5月，在她的大力倡导下，黎里镇创办了一所妇女学校，张应春被公推为主任老师，负责教务。她在课堂上向学生传授文化，宣传革命道理；在校园内与学生促膝长谈，鼓励她们冲破封建牢笼的束缚，寻求自由与和平。

剪发争女权

链接

为了反对封建礼教、争取女性权利，张应春毅然带头剪去发髻。父亲知道后，坚决反对，严词责备。她给父亲写信道：“大人苟终弗儿谅者，儿且远走北国，终身不复宁家矣！”

1926年1月，张应春作为江苏省的妇女代表参加了在广州召开的国民党第二次全国代表大会。会上，她汇报了江苏省妇女运动的情况，并提出妇女运动的两项议案，得到了代表们的好评。会后，她又参加了国民党江苏省党部在上海召开的市县干部联席会议和干部训练班，和与会代表广泛交谈，与妇女部秘书史冰鉴深入讨论妇女运动。期间，她每天早出晚归，忘我地工作。

为了扩大革命宣传，提高广大妇女的觉悟，张应春决定创办刊物——《吴江妇女》。经中共江浙区委批准，《吴江妇女》于1926年3月8日国际妇女节创刊，张应春为主编。她在创刊号上撰文《国际妇女纪念日与〈吴江妇女〉》，之后，她又连续撰写了《悼北京为爱国惨死的女烈士》《我们应该怎样纪念“五卅”》等多篇文章。

《国际妇女纪念日与〈吴江妇女〉》 链接

张应春在《国际妇女纪念日与〈吴江妇女〉》文章中指出：“难道我们起来反抗就要杀头么？难道我们怕了杀头，就不要解放么？哼！我不信。我们吴江的妇女没有死尽，就要来为自己的自由，为自己的经济独立，为社会上、法律上、教育上，求种种的平等。而在这国际纪念日来联络全世界的战线奋斗，向压迫阶级进攻！进！进！进！努力！努力！”

《吴江妇女》在艰难的条件下，只能秘密发行，张应春冒着生命危险承担组稿、撰稿、编辑、出版、发行、筹划经费等工作。《吴江妇女》对当时妇女解放运动起了很好的推进和指导作用。

张应春作为国民党江苏省党部执行委员兼妇女部部长，在积极从事妇女运动的同时，还英勇地站在与国民党右派斗争的前列。

1925年8月，在共产党人和国民党左派的努力下，江苏革命形势呈现出一派蓬勃的新气象。但是国民党右派在孙中山逝世后，却日趋反动，气焰嚣张。9月的一天，西山会议派骨干沈玄庐来到国民党江苏省党部，指责省党部进行赤色宣传，诬蔑共产党抢席位，鼓吹省党部各级委员不应该由共产党员担任。张应春从容不迫地予以反驳："在革命最困难的时候，你们不知躲到哪里去？革命形势好转了，就想来坐享其成！联俄、联共、扶助农工的三大政策，是孙中山先生亲自提出的，你想反对，难道你比孙先生还高明么？"她的一席话驳得沈玄庐理屈词穷，灰溜溜地离去。

1926年3月12日，南京举行纪念孙中山先生逝世一周年大会和中山陵墓奠基礼。张应春和柳亚子、侯绍裘等从上海同赴南京。张应春在纪念会上演讲，号召同胞们遵守中山先生的遗嘱，为完成国民革命之伟业而奋斗。会后，她手执小旗，率领女同胞们参加了游行。下午又参加了在中山墓地举行的孙中山先生陵墓奠基礼。奠基典礼刚一结束，省、市党部内右派势力雇用的大批流氓肆意捣乱，突然袭击参加活动的柳亚子、侯绍裘等人，情势十分危急。张应春等人不顾个人安危，挺身而出，护卫柳亚子等安全脱险。

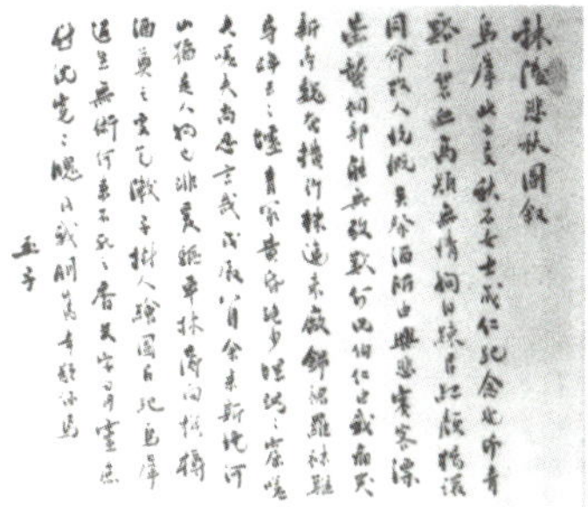

秣陵悲秋图（↑）

柳亚子手书的《绮罗香》词（↑）

女同胞的革命事业

链接

在《悼北京为爱国惨死的女烈士》文中，张应春深刻揭露段祺瑞政府镇压爱国运动的行径，热情赞扬爱国青年的革命精神，表示要以刘和珍等女烈士为榜样，为革命流血牺牲。

她号召妇女们勇敢地投入国民革命，“使中国的国民革命，在最短期间成功，更进而参与世界革命的事业”。

“蓉应春回——张应春史料展”在苏州市名人馆开幕（↑）

北京三一八惨案发生后，张应春义愤填膺，在《吴江妇女》上发表《江苏省党部妇女部门反对段祺瑞惨杀北京市民宣言》，指出：“革命的事业没有流血是不会成功的。我亲爱的女同胞，大家起来奋斗吧！我们誓死要从红色的血泊里边，找到光明的道路，建设起光华灿烂的社会来。”她冒着生命危险，日夜奔走，四处演讲，揭露军阀的反动行径，鼓动民众与反动军阀做斗争。

1927年3月，国民党江苏省党部从上海迁往南京。时任中共江浙区委妇女运动委员会委员、中国济难会全国委员会委员、国民党江苏省党部执行委员兼妇女部部长的张应春，接到侯绍裘的三封急电，要她速来南京赴职。张应春不顾家人的劝阻，抱病赴宁履职。

4月10日上午，国民党江苏省党部和中共南京地委举行有四五万名群众参加的集会，谴责国民党右派唆使流氓打手破坏国民党省市党部、拘捕工会负责人的反动罪行，强烈要求惩办肇事者。会后群众到总司令部请愿，又遭敌人血腥镇压，当场打死群众数十人，受伤者数以百计。当晚11时，侯绍裘与中共南京地委在大纱帽巷10号召开各团体共产党干部会议，商议应变措施。由于会址遭到泄露，凌晨2时，公安局侦缉队50多名武装特务包围了会议地点，出席会议的人员，除个别越墙脱险外，张应春、侯绍裘等10余人均被捕。

在狱中，张应春遭到敌人残酷折磨，几次昏死过去，又被冷水泼醒。但她英勇顽强，坚不吐实。敌人恼羞成怒，将她装入盛有石灰的麻袋，用刺刀活活刺死，然后乘着黑夜抛入通济门外九龙桥下的秦淮河中。

吴振鹏：红灯亮处是青春

吴振鹏（↑）

链接

1926年初春，共青团中央机关刊物《中国青年》第124期上，登载了小说《端午节》。作者以自己当时在上海一家纺织厂做苦工的亲身经历为素材，真实生动地反映了工人们在极其简陋的条件下和恶劣的环境中，每天做工十几个小时，遭受着非人的对待，控诉了帝国主义资本家对中国工人的迫害和压榨。编者特意加了按语，向青年读者推荐。

作品出自20岁的青年团员吴振鹏之手，这是他以职业革命者的身份，从事青年工人运动的处女作。

吴振鹏在孤儿院长大，毕业于安徽省立第一师范学校，是安徽最早的社会主义青年团团员之一。投身革命后，在中国共产党领导下，他一直从事青年团工作并担任领导职务，将青年工作视作自己的生命，成为中国青年运动的领袖之一。

吴振鹏只经历了青春之年，但他的生命却如一盏高挂的红灯，在青年运动中发光闪亮。

1906年12月，在安徽省安庆市一户贫困人家，吴振鹏呱呱坠地了。父亲作为中国近代的产业工人，虽拼命劳作，但难以维持一家三口的温饱。吴振鹏出世不久，父母就因贫病交困先后撒手离去，他被送进安庆市西门外的孤儿院，在那里度过了童年和少年时代。

孤苦的生活使他早熟。稍晓事后，他一边做工糊口，一边接受识字教育。渐渐地，书籍成了他最好的伙伴，给了他生活乐趣的窗口和人生进步的阶梯。

1923年秋，年满16岁的吴振鹏因学业优秀，被保送到位于安庆的安徽省立第一师范学校读书。该校内驻有安徽省社会主义青年团机关，一些先进的知识分子经常到学校宣传新思想、新文化，对学生影响很大，使得该校在省内领新思想、新文化风气之先。吴振鹏将课余时间全部用在阅读进步书刊上，其中革命刊物《新青年》、中共中央政治机关报《向导》对他影响最大。

1923年秋，他由同学杨兆成等介绍，经青年团安庆地委批准，加入中国社会主义青年团。入团后，踏上革命道路的吴振鹏把组织作为自己的家，把同志们当亲人，把革命需要作为自己奋斗的方向。

这年10月，吴振鹏参加领导了安庆各校5000多学生举行的反对军阀曹锟贿选总统、声讨“猪仔议员”的游行大示威，并带领同学们捣毁参与贿选的安庆籍“猪仔议员”张伯衍的住宅。为了启发广大工人的阶级觉悟，同年，他在学校办起工人夜校，教工友们识字，宣传革命道理。

成立曦社 鼓励进步学习

链接

吴振鹏征得校长同意，用学校一间空闲教室办起图书室，与同学们一道筹集书刊，包括向上海邮购《中国青年》周刊和《向导》周报。在这里，吴振鹏组织同学们看书学习，并组建了学生文学团体曦社。

曦社在校内出版壁报，他经常在上面发表文章，批判封建礼教，抨击军阀统治，引导同学们从埋头读书转而关注社会现实，积极参加校内外政治活动，响应国民革命。

1925年上海五卅惨案发生后，吴振鹏参与薛卓汉等组织领导的安庆五卅惨案后援会的工作，发动了安庆工人、学生和市民参加的大规模反帝游行示威。在吴振鹏的组织下，省立一师学生的表现最为出色，该校学生成为安庆五卅运动的中坚力量。在校内，由于吴振鹏等人的得力组织与领导，一批进步学生加入青年团，为年底建立共青团安庆第一支部（省立一师支部）打下了基础。通过这个时期反帝反封建革命斗争的锻炼，吴振鹏的思想日益成熟，成为安庆地区的学生领袖。

1925年秋，吴振鹏从省立一师毕业。安庆地方党团组织根据他的表现和革命发展的需要，将他送往上海大学深造。五卅运动后，上海大学被反动当

1925年五卅惨案后，民众在天安门举行示威游行活动。（↓）

局查封，中共中央遂将各地派来上海大学学习的学生分往上海各工厂从事工人运动，从斗争实践中学习。吴振鹏被派往工人集中的引翔港。他欣然接受组织安排，换上工人服装，到一家纺织厂做工。

由于吴振鹏积极扎实、独具才能的工作，1926年5月，他担任共青团上海曹家渡部委会书记；6月至9月，任引翔港部委会书记。当时在上海沪东、沪西青年工人中，提起吴振鹏，没有不知晓的，他被誉为上海青年工人运动“四大金刚”之一。同年，吴振鹏转为中共党员。

1927年初，中共中央在上海挑选一批优秀共青团干部到江西工作，吴振鹏被派往九江，于2月担任共青团九江地委书记。他还奉命以个人身份参加了国民党九江市党部的领导工作，联合九江地区所有革命力量，发展了九江地区的革命形势，也因此成了国民党右派的死对头和眼中钉。四一二反革命政变后，国民党九江市党部被右派分子捣毁，吴振鹏首当其冲，被蒋介石雇佣的青红帮流氓殴伤。

5月，已经担任共青团江西区委书记的吴振鹏前往武汉，出席共青团第四次全国代表大会。他被选为大会主席团成员；会上，当选为团中央委员及中央局成员。会后，吴振鹏返回南昌，在主持团江西区委工作的同时，主编团区委机关刊物《红灯》周刊。

吴振鹏著文猛烈抨击蒋介石的反革命行径和江西省政府主席、军阀朱培德“墙头草”的政治态度。当时仅在《红灯》杂志上，他就撰写发表了《蒋介石还没有反动？》《杨花水性的姑娘》《红灯之下的蒋介石》等文章。蒋介石、朱培德恼羞成怒，反动当局于7月查封了《红灯》。

革命旗帜《红灯》

链接

《红灯》像一面鲜艳的革命旗帜，正如吴振鹏以编者名义在《红灯》第14期上所说：“红灯是永远照亮着的！”

8月12日，团中央召开部分中央委员会议，传达中共八七会议精神，研究团的工作。会上，吴振鹏仍任团中央委员。

1928年5月，在上海坚持地下斗争的吴振鹏，受命在中共江苏省委负责共青团工作。后任中共江苏省委委员、共青团江苏省（兼上海市）委书记。7月，共青团第五次全国代表大会在莫斯科召开，他在大会上继续当选为共青团中央委员。

同年秋，根据中共中央、团中央的指示，吴振鹏领导发动了以上海青年工人为主体的9月总同盟罢工。从8月底起，他陆续组织各区的团员深入到工厂集中区如杨树浦、引翔港、沪西等地，举行青工集会，发表鼓动演说，明确斗争纲领和口号，做了大量的准备工作。

9月2日是国际青年节。这天清晨，在吴振鹏的领导下，上海各工厂的青年工人统一行动，举行总罢工。各工厂区内，贴满标语、漫画。9时半，以青年工人为主体的大示威在漫天的传单和响亮的口号声中进行。南京路附近的浙江路至福建路一带，聚集了成千上万的工人，整个上海为之震动。反动军警凶残地镇压手无寸铁的工人，甚至运用装甲车来阻拦游行队伍。在吴振鹏的指挥下，工人们毫不畏惧，勇敢地冲破了敌人的包围，游行队伍一直冲向外滩，继续进行集会。

这次总同盟罢工一直持续到9月9日，是上海工人阶级一次大规模的斗争。吴振鹏在秘密出版的团中央机关刊物《列宁青年》第一卷第一期上，发表《国际青年日的上海青年工人》一文，高度评价上海青年工人的斗争勇气和毅力。

由于长期艰难的地下工作、敌人的加害和困苦的生活，吴振鹏的肺结核病加重了，但他的革命干劲和工作热情没有丝毫减弱。他经常往返于上海、南京等地，指导江苏地区的革命青年运动。1929年7月，他还以团中央代表身份前往香港指导工作，并参加了香港青年工人代表大会。

经过大革命失败后两年多的艰苦奋斗，革命事业开始走向复兴，但党内“左”倾冒险错误也在滋长。为实行全国总暴动冒险计划，1930年8月上旬，由党、团中央及全国总工会联合组成了中共中央总行动委员会，吴振鹏任委员，并任由团中央领导机关改组的总行委青年秘书处书记，他参加了中央总行委的领导工作。这期间，他在中共中央机关报《红旗日报》以及《列宁青年》上发表了一系列指导全国青年运动的文章。

小说《端午节》 链接

在纺织厂里，他和工人兄弟一起干活，耳闻目睹工人们在外国资本家压迫下的非人生活，使从小在孤儿院长大的他也深感震惊。心思细腻、勤于笔耕的他把自己几个月做苦工的亲身经历和实际感受，以纪实小说的形式记录下来，取名《端午节》，投往《中国青年》周刊。这篇凝聚着工人血泪和吴振鹏的心血的小说刊出后，社会反响较大。

早在7月，中共中央军委军事部参谋科科长曾中生就被派到南京负责指挥暴动。接着，吴振鹏被派到南京督战。曾中生经过调查了解，认为南京不具备暴动条件，开始曾遭到吴振鹏的批评。但是曾中生筹划的8月1日和月底两次南京暴动均未发动起来，而南京一批党员干部却因此被捕牺牲。

10月初，吴振鹏任中共江南省委委员、常委。在上海的江南省委管理江苏、上海、安徽、浙江党的组织和工作。他抱病加倍努力工作，着手恢复组织。

1931年下半年，继续在上海从事青年工作的吴振鹏，由于身体状况越来越差，组织上将他调离团的领导岗位，让他一边休养治病，一边仍参加中共江苏省委外县工作委员会，担任巡视工作。只要病情稍缓，他就不停息自己的工作。1933年初，他还带病到安徽、江苏一带巡视。

由于叛徒出卖，5月17日深夜，吴振鹏在上海市法租界贝勒路的家中被捕。巡捕和反动军警在他家搜出了大批中共党团刊物、文件，旋即将他押往法租界巡捕房关押。

在法租界的法庭上，吴振鹏与法官展开了机智的斗争。他自称是因病休学的圣约翰大学学生，名叫吴静生，所搜文件等均为一朋友寄存家中的；同时，他坚持本案应在租界内审判。但由于几名叛徒当庭指认，法官仍判决将他引渡给国民党上海市公安局审理，不久，又以重大案件为由，将吴振鹏解送南京。

在国民党首都宪兵司令部看守所里，吴振鹏以重病之躯，与敌人作最后的斗争。他知道自己的身份已完全暴露，做好了牺牲的准备，依然双目炯炯，对反动法官任何形式的审讯都不予理睬。敌人让无耻的叛徒前来劝降，他义正词严予以斥责。敌人没有从他嘴里得到一句口供。

敌人的酷刑和恶劣的囚禁生活，使吴振鹏已到晚期的肺结核病雪上加霜。入狱不久，在6月的一天，他坚强平静地合上了双眼。

甘于奉献一辈子。

雨花先烈之所以选择充满艰险和布满荆棘的革命道路，就在于他们拥有无私奉献的高尚情怀。

奉献不是投入和报酬的等价交换。

共产党人所讲的奉献，是“人生自古谁无死，留取丹心照汗青”的气节，是“宁为玉碎，不为瓦全”的气概。

高尚情操

高尚道德情操

南京雨花台在中国共产党的历史上具有特殊的重要地位。雨花台革命烈士的英勇事迹，是中共历史长卷中极其英勇悲壮的一章，雨花台革命烈士的不朽精神，是中国共产党最为宝贵的精神财富，是中国共产党人精神家园的重要组成部分。雨花英烈们所体现的信仰至上、慨然担当、舍身为民、矢志兴邦，就是中国共产党伟大精神在具体条件下的展现。

对党绝对忠诚，才能为党和人民的事业奋不顾身，才能在利益的天平上分清孰轻孰重。雨花台是“忠诚台”，无数烈士以对党绝对忠诚之心，为革命事业流尽最后一滴血。无论形势如何变化，党员都要铭记入党誓词：对党忠诚，积极工作，为共产主义奋斗终身，随时准备为党和人民牺牲一切，永不叛党。“牺牲一切”意味着没有讨价还价、没有特殊利益。我们要牢记党员“第一身份”，履行为党工作“第一职责”，强化政治意识、大局意识、核心意识、看齐意识，始终与党同心同德。

用“舍得”换“获得”。雨花英烈并非不食人间烟火，他们有情有义、有血有肉，但其最大的爱是爱人民，最根本的追求是实现人民幸福。“民心是最大的政治”。我们共产党人只有深深扎根于人民之中，顺应人民群众对美好生活的向往，坚持以人民为中心的发展思想，才能做到“最有远见，最富于牺牲精神，最坚定，而又最能虚心体会情况，依靠群众的多数，得到群众的拥护”。

很多雨花英烈都工作在隐蔽战线上，他们孤独无援，生活困苦、没有保障，还要面对家人的误解、同志的怀疑，一些革命者包括党的领导人因“左”倾路线的影响，受到不公正的对待。但是，他们满怀高尚的道德情操，临危不惧，忠于组织，冲锋在前，使白区的隐蔽斗争取得了巨大的成就。

慨然担当是彰显共产党人先进形象的内在品格，也是共产党人高尚道德情操的集中体现。雨花台烈士中有不少建党初期的共产党员，许多人是党的重要骨干。他们始终战斗在党最需要、革命最危急的重要关头。特别是在1927年大革命失败后的一段岁月。那时，中国共产党正处于罕见的逆境当中，英烈们又奋斗在国民党反动派的统治区域，他们用自己的生命抒写了富贵不能淫、贫贱不能移、威武不能屈的伟大和崇高。在敌人的血腥屠杀面前，他们奋起与国民党反动派抗争，用鲜血和生命捍卫了党和革命。

雨花英烈始终用共产党员的标准锤炼品德、规范言行；恪守入党誓词，把捍卫党的利益作为不可逾越的政治底线；无比珍惜共产党员的光荣称号，用实际行动树立形象、赢得人心；在险恶的环境中义无反顾、英勇斗争，直至血洒金陵。在革命年代，雨花英烈以高尚道德情操，“把合格的标尺立起来”“把做人做事的底线划出来”“把党员的先锋形象树起来”，并且最终“用行动体现信仰信念的力量”。他们用生命和鲜血谱写了可歌可泣的壮丽诗篇，凝成了光照千秋的雨花英烈精神。

侯绍裘：大节毅烈不可夺

侯绍裘（↑）

南洋公学大门旧址（→）

链接

1927年10月24日，秘密出版的中共中央机关刊物《布尔塞维克》载文悼念就义于江苏等各省的无数革命烈士，赞誉他们是“革命的英勇领袖及中国共产党的忠实战士”，列举其中最著名者，有侯绍裘等。

1943年春，周恩来在《关于一九二四至二六年党对国民党的关系》一文中，总结了1924年国民党改组后，由于中国共产党人的努力，全国工农运动大大发展起来；也由于中国共产党人的努力，各省国民党的组织建立和发展起来。他指出，“当时各省国民党的主要负责人大都是我们的同志”，列举了江苏的侯绍裘、北方的李大钊等，高度评价了大革命时期，包括侯绍裘在内的广大共产党人在工农革命运动和国民革命联合战线中的历史作用。

彪炳青史的侯绍裘，是上海、江苏地区早期青年运动的领导者之一，革命活动家。

1918年，上海著名学府上海工业专门学校（前身为南洋公学）土木工程专业开学，校园里走来了一位清秀俊朗、文质彬彬的新生，他就是侯绍裘。

侯绍裘家住江苏省松江县城丰乐桥东堍，父亲是清末秀才，家族重视教育。他毕业于松江江苏省立第三中学，成绩优异，且兴趣广泛，会吹奏箫笛，善绘画篆刻，多才多艺。他关心国事，爱阅读报纸杂志。

1919年北京五四爱国运动爆发后，各地纷起响应。5月7日，侯绍裘与学校600多名同学参加全市各界民众大会和大游行。他们手执“抵制强权”“共讨国贼”“还我河山”等标语，走在游行队伍最前面。品学兼优、见识过人的侯绍裘，爱国热情更加高涨。11日，上海学生联合会成立，他被学校推举为代表之一，担任上海学联教育科书记。

16日，全国学生联合会在上海成立，他又被聘为全国学联的文牍，负责起草宣言、口号、电文等。

经过五四运动的洗礼，侯绍裘看到了工人阶级的强大力量。这年暑期，侯绍裘和一批同学没有回家，他带着同学们创办了上海学联第一所义务学校——南洋义务学校，自任教务主任。该校招收附近的工人、店员、小手工业者和少数农家子弟前来学习，教授文化知识，宣传“劳工神圣”思想。为使教学具有针对性，侯绍裘组织同学编写教材，免费提供给学员他承编的《国文讲义》和《自然科学常识》两本教材。

侯绍裘的办学方针

链接

侯绍裘认为南洋义务学校“所宣传的主义，应当是社会主义，所灌输的常识，应是科学知识、人生常识和种种新思想和社会问题”；要把学生培养“成为劳动运动的中坚”；“务使该校学生一人，能造就劳动界数十百人，因（而）为社会主义效力，以谋阶级地位之提高”。

很快，这样的义务学校在上海发展到八所，都直属侯绍裘负责的上海学联教育科领导。后来，他们自编的教材由上海民智书局出版，对全国工人和平民义务教育产生很大促进作用。侯绍裘把办义务学校和开展工人运动结合起来，学校的许多学生后来都成为工人运动的积极分子。

五四运动促进了马克思主义在中国的广泛传播，上海又是国内介绍和传播马克思主义的重要基地之一。同年暑期，侯绍裘开始阅读《新青年》杂志。该刊宣传新文化、介绍十月革命和马克思主义的内容，使他“一看之后，如同‘拨云见日’，顿时爱不释手”。秋季开学后，为了宣传新思想，他发起成立“九人书报推销处”，按书店原价销售《新青年》《星期评论》《民国日报》等进步报刊。上海的共产党早期组织建立前，他曾到老渔阳里2号《新青年》编辑部，听施存统等上海早期共产党人讲解社会主义。

思想观念焕然一新的侯绍裘，开始反对南洋公学禁锢学生思想的封建守旧传统，抵制校内文言文比赛和繁缛的尊孔仪式。1920年暑期，他回到家乡，和外地返乡的同学一起，通过编发《问题周刊》等多种形式，宣传社会革新，倡导科学民主，反对封建迷信。

尽管此前侯绍裘的学业成绩在班上一直名列前茅，南洋公学仍以“举动激烈，志不在学”为由，令他退学。他选择“以最多数人之最大幸福为人生的最终目的、最大责任”，平静而坚定地说：“我的意志，又岂是他们所能改变的！”表现出一个具有初步共产主义思想的青年知识分子的胸襟和志向。

离开上海南洋公学后，他以教师为职业，培养青年，革新教育，宣传革命，深得学生敬爱。1921年夏，在宜兴县彭城中学任教已经一年的侯绍裘，回家乡松江度假。

这时，正值景贤女子专修学校被迫停办，他觉得这是女子教育的很大损失，于是四处奔走，联合家乡热心教育事业的朋友，并与他的小学老师、刚从南洋回来的朱季恂一起，变卖家产，接办了这所女校，改名景贤女子中学。

景贤女子中学旧址（↓）

景贤女子中学坐落于松江县城一处三幢两进的楼房，教室宽敞明亮，侯绍裘任校务主任。学校实行改革，提倡妇女解放，培养学生具有“完全的人格”，具有“观察力及判断力”，能以科学态度对待各种问题。1922年暑期起，他连续邀请各界知名人士到学校演讲，后演讲设在松江醉白池的会堂公开举行，应邀演讲的有沈雁冰、恽代英、萧楚女、杨贤江、邵力子、于右任、柳亚子、杨杏佛、陈望道等。景贤女中一时间在当地领风气之先，成为新思想的集散地，从这所学校走出了姜辉麟等一批革命女知识青年。

沈雁冰评价景贤女子中学

链接

时任中共上海地委兼区委宣传委员的沈雁冰曾专门撰文评价景贤女子中学，“这个学校的管理与教务，遂由思想新而热心的人来一意办理”“他们有勇气排斥一切冷漠的、固拒的、没有抵抗能力的压迫空气，而火辣辣地做自己的事”“维持景贤的那几位朋友的奋斗精神，实在令人可敬！”

上海特别市政府委员合影（↑）

侯绍裘在主持景贤女中的同时，积极参加社会活动。1923年4月，他与朱季恂等人创办《松江评论》，至1924年，共出刊40多期。该刊坚持民主立场，宣传新思想，宣传社会主义，介绍俄国十月革命和列宁的事迹，同时宣传孙中山联俄、联共、扶助农工的三大政策，批判国民党右派反动行径，探索研究地方改造、青年问题、教育问题等，在社会上影响很大。

1923年7月，中共上海地委兼区委派地委兼区委委员长邓中夏负责松江、无锡两地党的发展工作。邓中夏数次来到景贤女中，与侯绍裘深入交谈。不久，侯绍裘加入了中国共产党，走上了中共领导的反帝反封建革命道路，成为坚定的共产主义战士。8月以后，恽代英在上海的社会主义青年团中央负责宣传工作和学生工作，侯绍裘与恽代英关系密切，深受恽代英等人的影响。

早在1921年中国共产党诞生之前，侯绍裘怀着“改良政治之心”，由朱季恂介绍，加入当时孙中山领导的国民党。1923年，孙中山在共产党人帮助下初步整顿国民党时，侯绍裘履行手续，重新加入国民党。这时，他和朱季恂是松江地区仅有的两位国民党党员。1924年初第一次国共合作正式建立后，国民党江苏省临时党部于5月在松江成立，他担任委员。翌年初，他被选为国民党松江县党部负责人。

随着大革命风暴的兴起，侯绍裘更加繁忙。

1925年五卅惨案发生后，兼任国民党上海执行部宣传委员和教育委员的侯绍裘，与兼任宣传部秘书的恽代英，在中共中央和上海地委领导下，率领上海地区（苏、浙、皖、赣4省）的国民党组织奋起参加五卅反帝爱国运动。6月，侯绍裘与沈雁冰等30余人发起成立上海教职员救国同志会，团结教职员投入救国斗争。他与董亦湘被该会推为代表，出席上海全市工商学联合会，共商救国之道。该会组织演讲团，他与杨贤江、叶圣陶等积极参加，四处宣讲。

坚定信仰马克思主义

链接

1923年7月，侯绍裘作了一次题为《评一般人对社会主义的误解》的重要演讲，深刻阐明社会主义是实行公有制，消灭剥削，发展生产，使人们共同幸福的社会。他说："这万恶的社会，终有一天要被我们或我们的子孙改造过来。"这表明，此时他在思想上已经坚定地信仰马克思主义了。

1925年春，侯绍裘受聘担任国共两党创办、实由共产党领导的上海大学附属中学主任。8月，他又受聘担任苏州乐益女子中学校务主任，邀请张闻天等共产党员同往执教。次月在该校秘密主持建立中共苏州独立支部，并指导国民党苏州市党部的工作。他在上海、苏州、松江三地奔走，一边认真主持几个学校的校务，一边肩负着共产党、国民党两方面的工作，经常忙得以大饼、油条充饥，边吃边开展工作。侯绍裘的哮喘病复发了，但他无暇休息，仍坚持工作。

国民党江苏省党部在上海成立（↑）

8月，国民党江苏省党部正式成立，柳亚子、朱季恂、侯绍裘三人当选为常务委员。受中共上海区委委派，侯绍裘担任国民党江苏省党部的中共党团书记，挑起了中共在江苏领导工农革命运动和国共联合战线工作的重任。

1926年1月，国民党第二次全国代表大会在广州举行。朱季恂、侯绍裘等作为江苏省代表前往参加，会上，他们提出处分国民党右派西山会议派的提案。大会通过了开除谢持等4人的国民党党籍，给予叶楚伧等10人书面警告处分的决定。后在侯绍裘等要求下，大会决定停止叶楚伧《国民日报》总编辑职务。侯绍裘的革命行动，引起了国民党右派的仇视。

3月12日，国民党拟在南京举行孙中山陵墓奠基典礼。11日，侯绍裘和柳亚子等率江苏省党部的代表到南京出席，抵达下关车站时，他们即遭国民党右派雇佣的流氓打手袭击，侯绍裘负伤。12日，奠基典礼在紫金山中茅山南坡隆重举行。奠基典礼刚结束，右派分子雇佣的200多名流氓打手撕去伪装，手持石子、铁棍、木棒袭击省党部代表。侯绍裘按事先布置，镇定地派人保护柳亚子和一些女代表下山。尔后，他挺身而出开展说理斗争，惨遭毒打至不省人事。在被同志们救护苏醒后，伤未愈即返回上海，投入工作。

6月，由于蒋介石此前抛出排挤和反对共产党人的《整理党务案》并迅速膨胀权力，国民党江苏省党部三位常委之一的柳亚子于忧愤之中返回故乡，国民党右派势力趁机抬头，叶楚伧等人以江苏省党部共产党员超过三分之一即为非法为借口进行破坏活动。侯绍裘按照中共上海区委指示，肩负起主持国民党江苏省党部工作的重任。他不畏艰难，坚定地领导着江苏省党部坚持联俄、联共、扶助农工的三大政策，坚守革命阵地，团结国民党左派、旗帜鲜明地反对国民党新老右派，维护国民革命联合战线，推动大革命的发展。

在北伐战争胜利进军的形势下，1926年10月至1927年3月，中国共产党领导上海工人阶级先后举行三次武装起义，侯绍裘积极参与其中。他通过国民党系统，对上海中上层资产阶级和党内各派势力做了大量的宣传和组织工作。1927年3月22日上海工人第三次武装起义夺取政权后，他与罗亦农等当选为上海特别市临时市政府委员。

3月24日，国民革命军第2军、第6军攻占南京。4月2日，侯绍裘等率国民党江苏省党部由上海迁来南京。6日，他参加江苏省政务委员会会议，讨论筹建省政府，会议推举李富春、侯绍裘等4人为筹备委员；经协商，准备在11日正式成立江苏省政府，拟定侯绍裘任省政府委员兼建设厅厅长。

9日，蒋介石在上海阴谋布置了暴力“清党”计划，并于此前几天将倾向革命的第2军、第6军调离南京后，乘火车到达南京。国民党右派按预谋立即派流氓打手破坏国民党江苏省和南京市党部。当晚，侯绍裘不顾妻子劝阻，毅然外出参加紧急会议。

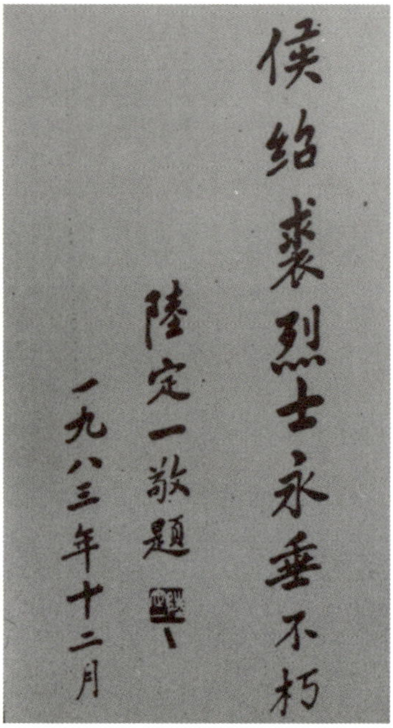

陆定一题词（↑）

10日上午，南京市民肃清反革命派大会召开。侯绍裘代表省党部愤怒谴责国民党右派罪行，强烈要求惩办肇事者，保护集会自由，保护工人运动，恢复省、市党部。大会进行中，得到有暴徒要暗杀侯绍裘的密报。兵工厂工人闻讯要取枪保护，侯绍裘唯恐伤及群众，不同意此行动。经大家再三劝说，他才离开会场，临走时他嘱咐道：“必须坚持斗争，如果斗争失败，我们只好转入地下，各归故里，从头做起。”

柳亚子评价侯绍裘

柳亚子在1938年撰写了《朱季恂侯绍裘合传》，其中这样评价侯绍裘：“君赋性仁爱，平易近情，临大节则毅然不可夺。其为人也，俭于持躬，而厚于遇友，怀才而不伐，负责而不兢，渊渊乎君子人哉！顾反动者流辄深忌之，恒欲得而甘心。”短短数语，赞扬了英烈的崇高品德。

当晚，侯绍裘得知国民党南京市党部负责人张曙时等人下午伺机脱险，即赴张处，共商办法。他们研究决定，上海人员立即回沪，建立秘密组织，开展地下斗争，并派人沿沪宁线联络，提醒大家高度警惕，以防万一。晚11时，侯绍裘出席中共南京地委召开的紧急扩大会议，商议反蒋对策。凌晨2时，会场遭南京公安局侦缉队武装特务包围，侯绍裘等10人被捕。

侯绍裘被捕后，坚贞不屈，表现了共产党人彻底的革命精神。蒋介石派人以江苏省主席的职位对他诱降，被严词拒绝。数日后，蒋介石密令侦缉队刽子手残酷地将侯绍裘等10人活活捅死，尸体割成数段，装入麻袋，抛入九龙桥下秦淮河里。

杨振铎：年争日斗履冰霜

杨振铎（↑）

链接

20世纪20年代初，他负笈从学山西太原，深受在那里播下革命火种的中国共产党主要创始人之一李大钊、中共早期领导人高君宇等人的影响。

大革命兴起后，他成为中共北方区委直属太原特别支部的青年党员、太原学生运动领导人之一。

他入读上海大学社会学系，是中共早期领导人瞿秋白等人的高足。

在上海工人第三次武装起义中，他带领由共青团员、青年工人组成的少年先锋队参加战斗。

在大革命失败后的白色恐怖中，他出任共青团江苏省委书记。

他两度身陷囹圄，不屈不挠，直至壮烈就义。

他献身青年运动的宝贵年华，如金铎铿然，一路鸣响，永远召唤着一代代青年奋勇向前，去开创美好的明天。

他叫杨振铎。

1905年，杨振铎出生于山西省芮城县杨沟村一户富裕农民家庭。他是家里的长子，自幼跟随本乡塾师念书，后自芮城县完小毕业。由于聪颖好学，胆识过人，他深得先生赏识。1921年，杨振铎考入太原市山西省立第一中学。

同年5月，中国共产党主要创始人之一李大钊即派高君宇到太原，组建太原社会主义青年团，省立第一中学学生王振翼、贺昌等先后任负责人。这是山西最早的青年团组织。从此，省立第一中学成为中国共产党在山西传播马克思主义、开展青年运动和国民革命的地下堡垒。

在省立第一中学，杨振铎珍惜宝贵的学习机会，刻苦用功，先后学习了英、日、俄3门外语。因成绩优异，他享受学校的免费待遇，这在当时学生中属凤毛麟角。学习之余，校内进步的氛围，有助于他关心国家大事，关注社会现实。面对阎锡山统治下山西人民所遭受的压迫和痛苦，他开始思考救国救民的道路，并逐渐接受马克思主义真理。他很快与贺昌、李毓棠、傅懋恭（彭真）、薄一波等本校社会主义青年团员结识，他们以救国为己任，常聚在一起研讨革命理论，并向同学们介绍进步书刊，在同学有困难时切实予以帮助。

《二七血》

链接

1923年2月，京汉铁路工人大罢工和二七惨案的消息传到学校，杨振铎义愤填膺，与同学连夜编写剧本《二七血》，并亲自扮演武汉江岸工运领袖、共产党员林祥谦烈士，在校内外宣传演出。他发誓要做林祥谦那样的人。

1925年，杨振铎秘密加入中国共产党，走上了中国共产党领导的反帝反封建的革命道路。

6月，当上海五卅惨案的消息传到学校时，杨振铎毅然放下学业，积极参加领导太原学生支援上海工人、学生的反帝爱国斗争。他带领同学积极筹建太原学生沪案后援会，四处联络各界人士和群众，散发支援上海人民斗争的声明。在为上海工人、学生募捐时，他带头典当自己的被褥，挣钱捐款，在同学们中产生了积极影响。经过革命斗争的锻炼，杨振铎日益成熟，成为太原爱国学生运动的领导人之一。

1926年初，中共太原地委选送杨振铎去上海大学社会学系深造。身姿挺拔的杨振铎走出山西，意气风发地来到东南沿海的上海，进入位于华界闸北青云路师寿坊的上海大学。

上海大学是国共合作创办的、中共实际领导的培养国民革命干部的高等学府，社会学系是各院系中办得最有特色的，系主任由中共早期领导人瞿秋白等担任。这个按照革命性、时代性的办学要求，与现实社会关系最为密切的系科，以系统传播马克思主义理论为教学任务，集中了蔡和森、恽代英、张太雷、萧楚女、李汉俊等一批共产党的教育家、理论家讲课，这在当时国内绝无仅有。在这所新型大学里，杨振铎开始系统接受马克思主义的教育，

上海南京路新耸立的五卅惨案纪念碑（↓）

坚定地确立了无产阶级世界观，政治理论水平迅速提高，思想上获得了新的飞跃。

上海大学还是反帝反封建运动的堡垒，上大师生一直战斗在运动的第一线，而社会学系的共产党员、共青团员最多，参加革命活动最为活跃。杨振铎进校之初即被选为共青团上海大学支部书记，他经常白天在校听课，晚上不顾危险四处奔走，从事青年工人工作。7月下旬，中华全国学生联合会第八次全国代表大会在广州召开，他作为学校学生代表前往出席。大会总结了一年来全国学联的工作，与会的各地学生代表交流了五卅运动的斗争经验，通过了《统一学生运动建议案》等九项提案。他在会上当选为全国学联执委会委员。

参加全国学联八大返回上海后不久，杨振铎担任共青团上海地委和江浙区委上海法租界部委员会书记。

1927年3月21日，为迎接北伐军进军上海，周恩来等领导了上海工人第三次武装起义。杨振铎在战斗中英勇无比，手执红旗引导，直至次日黎明起义取得胜利。

杨振铎的回信

链接

杨振铎曾对劝他“改过”的亲友回信说：“我之奔走，正是为拯救我国父老兄弟诸姐妹们于水深火热之中。我有坚定不移之意志，百折不回之精神，生死在所不计。”

随着北伐的胜利进军，蒋介石仇恨工农、反对共产党的本质日益暴露。4月12日，蒋介石在上海发动反革命政变，共产党员及革命群众惨遭反动派搜捕、屠杀，严重的白色恐怖笼罩着上海。杨振铎不避艰险，开始转入城市地下斗争。

1927年4月17日，上海仍在血雨腥风之中。

这天，杨振铎身着学生服外出工作时，在法租界辣斐德路南康路口遭便衣特务无端阻拦盘问。敌人不容分说，将他以“捣乱分子嫌疑”的罪名逮捕，在审讯中对他施以酷刑。国民党驻沪特别军法处奉行蒋介石“宁可错杀千人，不可放过一个”的旨意，判处他10年有期徒刑，关押于上海漕河泾国民党江苏第二监狱。

初经被捕入狱，杨振铎冷静坚强，他化名杨金铎，始终不暴露身份。由于敌人逮捕他时没有任何证据，他利用合法形式进行斗争。他先后四次上诉至国民党江苏省高等法院、中央特刑庭、国民党中央军事委员会等，抗议政府无故加罪草菅人命，争取无罪释放。最终，国民党江苏省高等法院宣判其无罪，并于1929年11月19日开释。

杨振铎的申诉书

链接

杨振铎在11月7日的申诉书中写道："金铎之经过历历俱在，何所据而加我以捣乱派之罪名？更何凭科我以十年之刑期？青天白日之下，竟无法律耶？"在狱外，我地下党组织和他的亲朋好友亦多方奔走，设法营救。

杨振铎出狱后，立即秘密前往设在上海法租界的共青团中央机关工作，投入新的战斗。

1930年3月，他担任共青团江苏省委书记。不久，上海沪中区行委成立，直属江苏省总行委领导，杨振铎参加该区行委领导工作。

因行委系统多次在上海闹市区组织"飞行集会"、发动游行示威，暴露了自己的力量。4月27日，敌人在大世界附近一处会场抓捕了参加上海各界五一纪念总筹备会的108名代表。面对这一严重事态，29日深夜，杨振铎作为省总行委代表，主持召开了沪中区行委会议。会上，他对党内“左”倾冒险错误提出了不同看法。孰料，前日被捕者中有人叛变，敌人包围了位于梅白克路的会场，杨振铎等9名行委领导人当场被捕。

杨振铎再次被捕后，化名杨泽。敌人以“执行反革命重要职务”的罪名，判处他有期徒刑9年零11个月，关押于上海漕河泾国民党江苏第二监狱。在狱中，他常以自己被监禁的经历鼓舞难友坚持斗争。10月30日，杨振铎等200多名政治犯被转押南京。他被关进南京国民党中央军人监狱。

在狱中，杨振铎抓紧机会学习理论和外语。他主张共产党员不要脱离群众、脱离斗争，他在监狱印刷厂做苦役期间，身边就团结了一批青年知识分子难友。不久，他联系同被转押南京的章阿昌（张炽）及同时被捕的陈开（陈洪）等人，秘密组建监狱党支部，领导狱中斗争，并与狱外的互济会取得联系。他们利用各种机会开展政治宣传，坚定难友们的意志。杨振铎利用狱方要政治犯接受“三民主义思想教育”并逼迫谈学习心得之机，上台讲述《中国土地问题》，用马克思主义的观点阐明土地问题是中国革命的根本问题，土地应归大多数农民所有，鼓舞难友们明确革命方向。他参与领导难友

南京国民党中央军人监狱（↑）

们罢饭，反对虐待犯人，迫使狱方有所收敛。党支部还利用包药的小纸张出过小报，将互济会秘密传进来的党的指示和消息告诉难友们，并用互济会通过关系送进狱中的物品钱款接济难友们。

杨振铎的藏头诗

链接

杨振铎在家信中写过如下藏头诗，表达把牢房当战场的革命决心。

十年寒窗易铁窗，
年争日斗履冰霜。
监牢饮马长江水，
禁遏英雄呈豪光。

1933年初春，由于南京狱中的互济会交通员被捕叛变，供出了狱中党组织，杨振铎等人身份暴露。他们被转押到国民党南京宪兵司令部看守所“重审”。敌人对杨振铎诱降不成，就严刑逼供，但他毫不屈服。4月1日黎明，杨振铎等从容地走向刑场，他将青春热血抛洒在了雨花台。

中华人民共和国成立后，杨振铎被追认为革命烈士。1957年6月，毛泽东签署的烈士纪念证颁发给烈士遗属。他的英雄事迹陈列于南京雨花台烈士纪念馆，供后人永远瞻仰凭吊，永远被后人传扬。

国歌刻在雨花台烈士陵园（↓）

顾衡：烛光煌煌驱黑暗

顾衡（↑）

链接

2009年4月下旬，南京解放60周年之际，南京师范大学附属中学校园里，顾衡诞辰100周年纪念活动正在进行。

一向认真读书、偏重学业的青年学子们的心灵，被他们的学长——1934年牺牲的中共南京市委负责人顾衡深深地震撼了！顾衡，80多年前是该校前身国立东南大学附属中学的优等生、国立东南大学的高才生，献身于救国为民的伟大事业。

在人民政府为顾衡竖起的烈士墓碑背面，镌刻着萧楚女的名言："人生应该如蜡烛一样，从顶燃到底，一直都是光明的"。顾衡的辉煌一生正是如此。

1909年，顾衡出生在江南水乡无锡三凤桥一个书香门第家庭。其父顾倬，早年留学日本，是无锡有名望的教育家。1923年，他离开故乡负笈南京，插班考进国立东南大学附属中学初三年级。受父亲的熏陶，“读书救国”的思想深深地埋在少年顾衡的心里。

品学兼优的少年顾衡

链接

顾衡是家里第三个男孩，在严父“淡荣利，耐劳苦，守纪律”的品德教育下和爱学习的习惯培养中，他成长为父母钟爱、老师看重、品学兼优的学生。各门学科中，他尤喜欢数学，崇拜大数学家高斯。

1925年3月12日，孙中山先生逝世。4月21日，中共南京支部联合南京几十个单位和团体在秀山公园召开5万多人参加的追悼大会。顾衡在会上聆听了恽代英、萧楚女等的演讲，深入了解了帝国主义和封建军阀相勾结残害中国人民的罪行。他热血沸腾，义愤填膺。此后，恽代英、萧楚女又应邀到东大附中就“治外法权”“关税问题”等演讲了近10次，在学校里播下了革命种子。这些演讲振聋发聩，对顾衡是政治启蒙教育，使他的思想豁然开朗。

在五卅运动中，他和同学们积极参加反帝爱国宣传活动，声援上海人民的反帝斗争。翌年，在国共合作的形势下，经两名共青团员兼国民党员介绍，他参加学生社团大地社，并加入中国国民党。

1927年4月12日，蒋介石背信弃义，发动震惊中外的反革命政变，大肆屠杀共产党人和革命群众。血的事实教育了顾衡，他决定退出国民党。1928年5月3日发生的济南惨案，使他看清了日本帝国主义侵略中国的实质，也看清了蒋介石不抵抗、对内镇压的丑恶嘴脸。这时，他已是国立东南大学数学系一年级学生。他积极参加中共东南大学地下支部组织的向国民政府请愿活动和示威游行，并与几个进步同学自发走上街头并赶往下关，进行演讲，揭露帝国主义侵略挑衅的罪恶。他希望唤起民众，挽救危亡。

顾倬给儿子来信，嘱咐他埋头读书，学好科学才能救国。面对国家危难日益深重，顾衡感到，在黑暗的社会里，读书救不了国，科学也救不了国。他放弃了做大数学家的理想和去法国留学的打算，寻求着救国的道路。他努力收集一切可以收集到的马克思主义书籍用来阅读、研究。共产党人恽代英四年多前的演讲以及他关于与恶劣环境奋斗、改造国家社会的主张，召唤着顾衡。他决心用自己的青春和热血，勇敢开辟改造国家社会的新路。

1929年底，许多人因大革命失败后白色恐怖严重，对革命前途悲观失望，顾衡却毅然脱离家庭、中断学业，到北京去找共产党。

顾衡在大地社成员、清华大学毕业生葛春霖的帮助下，到清华大学、燕京大学及香山慈幼院合办的新农林学校教书。他曾积极支持学生反对校长无理开除学生会负责人的斗争。业余时间，他和葛春霖等人创办《现代中学生》杂志，担任主编之一，并较多地负责编辑工作；他在每期上都撰写发表文章，分析国内外形势，宣传革命道理。该杂志成为当时北京中学中颇有影响的进步刊物之一，反遭到反动当局查禁。

新农林学校有数名中共地下党员，属清华大学党支部领导。经过组织的考察、教育，1930年10月，中共清华大学支部秘密吸收顾衡为中国共产党党员。他举起右手面对红旗向党宣誓，监誓人是北京市委书记胡锡奎。

由于皖北党组织被严重破坏，经北京市委同意，顾衡赶赴安徽太和县。在这个偏僻的县城，他担负起恢复和发展党组织的重任。

顾衡全身心地投入到革命工作中。他利用太和

顾衡在安徽太和农村从事武装斗争时使用过的手枪（↑）

北关中学教师的身份，先从学生工作入手。他广泛地访朋问友，利用课堂内外各种形式，谈形势、讲道理。顾衡的热情、才智和修养，受到青年人的喜爱。很短时间内，他在北关中学学生中建立了读书会、社会科学研究会等进步组织，组织阅读鲁迅的作品等进步书刊，讲解《辩证唯物论》，教唱《国际歌》，革命思想在学校里迅速传播。同时，他想方设法帮助太和党团组织与上级组织取得联系。经上级批准，中共太和特支干事会成立，他被选为干事会干事。

顾衡遵照中共六大精神，实行土地革命，积极争取群众。他和同志们研究，把工作重点放在农村，发动组织广大穷苦农民起来斗争。他深入到农民中，白天和农民兄弟一起下田干活，晚上就和大家拉家常，讲革命道理，号召大家团结起来。深夜，他在自己所住牛屋的煤油灯下，写报告、发指示，布置党团员积极开展工作。

顾衡变模样

链接

在农村时，顾衡的模样完全变了：剃成光头，脸晒得黝黑，系着破布条做成的裤腰带，穿着草鞋，背后插着旱烟袋，一口皖北话，从外表到谈吐和当地农民一样。

就这样，顾衡扎根农村，成为农民的亲人，大家都亲切地称他“老顾”。由于联系群众，发动群众，他组织农民成功开展了救灾、抗租、均粮斗争，党的力量迅速扩大。

1931年11月，中共太和县委成立，顾衡被选为书记。为加强党的领导，县委发行太和《红旗》周报和《红旗》副刊，作为对党员和群众宣传教育的党刊，其上不少重要文章都由顾衡执笔。他领导

高粱棚（↓）

县委发动党团员秘密进行宣传，在农村组织农民协会、妇女协会、赤卫队和青年革命先锋队，还在县城内组织各种形式的斗争。

短短一年多的时间，太和县城和四乡都燃烧起熊熊的革命烈火。群众私下里都夸顾衡是“北京来的共产党的头”“有学问，有本事，了不起”。国民党太和县政府对顾衡恨得要死，怕得要命，县长洪某一直要捉拿他，但由于群众全力掩护，始终未能得逞。

1933年6月，党组织派顾衡到南京担任中共南京市特别支部书记。顾衡回到了自己曾长期读书、生活的地方。

此前1927年至1932年间，在这国民党统治的心脏地区，中共南京地方组织与反动当局开展了不屈不挠的斗争，党组织先后遭受过敌人七次大的破坏，一大批党的领导人和党团员、革命群众相继牺牲。当时，特别支部只剩八九名党员。

要在蒋介石的眼皮底下继续进行革命斗争，艰险异常。顾衡更加谨慎、更为成熟，为恢复和发展南京党组织进行了艰苦卓绝的工作。为了发展组织，他经常穿着破旧的工人装，跛着在太和指挥均粮斗争时受过伤的腿，背着以摆书摊作掩护时用的书架，往来于南京浦口、下关、城区，深入基层，日夜奔忙。他组织党员在南京的工厂、码头、军事机关及学校等处进行革命活动，成立读书班、储蓄会、工程学会、反帝大同盟等进步组织；派党员在爱国知识分子中进行工作，参加读书会，并通过读书会的上层关系营救九名被捕同志出狱。

节省为党

链接

长期日夜辛劳，顾衡睡眠严重不足，营养不良，身体十分疲惫，但他没有一句怨言。同事在他吃饭时加一两个菜，他抗议道：“党的经费这么困难，你们可千万不要浪费啊！”他自己十分节省，但对有困难的同志却非常关心和慷慨，把大家紧紧地团结在一起。

到1934年初，南京党组织有了较快的恢复和发展，中共南京特支改为中共南京市委，顾衡任市委负责人，并负责组织工作。市委领导30多名党员，10多名团员。

1934年2月，蒋介石对国民党统治区的中共地下组织和进步文化加强“围剿”，大批共产党人和进步人士惨遭逮捕和杀害。6月底，中共江苏省委代理书记赵立人被捕叛变。7月起，南京市委遭到破坏。顾衡临危不惧，他撤掉原来的机关，通知同志们转移，自己继续留在南京，经常变换住址，坚持战斗。

8月7日，顾衡正在自己的秘密住所、中央大学附近沙塘园的一座老式平房的一间小屋内紧张地印制党的文件。忽然，他听到外面急促的脚步声由远而近，立即警觉起来，迅速销毁文件，手持印刷滚筒隐蔽在门后。当第一个特务持枪闯入时，他用滚筒猛力一击，将特务手枪打落，和特务搏斗起来。特务没想到这个瘦弱跛腿的青年竟像猛虎一样有力气，后面几个特务赶紧扑向顾衡。终因寡不敌众，顾衡受伤被捕。

敌人知道顾衡是中共南京地下市委负责人，但对于这个无锡口音的青年，惯用的威逼、利诱、坐老虎凳用刑那一套毫无用处，他一点也不畏惧。敌人无计可施，只好把他解送道署街国民党南京宪兵司令部看守所羁押。

顾衡被捕第三天，共青团南京特别支部书记、其妹顾清侣也被特务逮捕，同样关入南京宪兵司令部看守所。为了不连累亲人，他拒绝与妹妹相认。在狱中，他始终说自己是“翟大来”，没有妹妹。

顾倬听说儿女被捕，立即与夫人从无锡赶来南京。这位主张“教育救国”的正直老人到处奔走，辗转托人找到国民党要员，设法营救自己的儿女。特务头子徐恩曾对顾倬说：“你儿子是南京共产党的首领，政府是一定要严办的。只要他说出南京共产党的情况，写一个悔过书，就可考虑从轻处置。”顾倬怀着极其沉重和复杂的心情来到森严阴暗的监狱探望儿子。他将徐恩曾的话转告儿子，顾衡愤怒地说：“不要上当，我是不会投降的！你们也无须为我奔走权门、托人营救了。我已抱定宗旨，舍生取义！”老人不愿眼睁睁地失去爱子，只有在万般无奈的极度痛苦中默默地理解儿子。

在狱中，中统特务天天找顾衡“谈话”。他们诱降道：“你们共产党上层人物都‘转变’了，你又何必这样呢？”见顾衡丝毫不为所动，特务就找来叛徒劝说或指认，但都被顾衡驳斥得理屈词穷。顾衡只有一个信念，绝不出卖党的机密和同志。

链接

顾衡怒斥叛徒

一次，敌人将一个已经叛变的原南京特支负责人关进顾衡的牢房，企图对顾衡劝降。顾衡义正词严地斥责叛徒："如果要我写脱党声明，你们得先让我回去请示一下，看我们党准许不准许！这是一种信仰，是不能动摇的！"弄得叛徒狼狈不堪。

在宪兵司令部军法处的法庭上，面对法官的审讯，顾衡理直气壮，侃侃而谈。他说："国民党腐败，只抓共产党，不抗日，非垮不可！"军法处前后对他三次审讯，他都把法庭变成了宣传共产主义的讲坛。

不管狱中条件如何恶劣，顾衡总是抓紧时间学习。他还一直用如火的热情和渊博的知识鼓舞难友们的斗志，坚定他们对革命胜利的信心，难友们对他十分钦佩。

顾衡被捕后近4个月中，由于父母3次探监，亲友亦多方营救，军法官允诺判顾衡有期徒刑。谁知案卷送到宪兵司令谷正伦处，谷正伦看了审讯记录后，大吃一惊说，此人顽固不化，决不可留；亲笔改批"怙恶不悛，改处死刑，立即执行"。

1934年12月4日，寒冷的冬日，顾衡跨出牢门，大义凛然地走向雨花台刑场。

雨花台烈士陵园忠魂亭和花坛（↑）

游客参观雨花台烈士陵园（←）

史砚芬：死为国家魂不灭

史砚芬（↑）

链接

1928年9月27日，是传统的中秋佳节，也是万家团圆的日子。可是在这一天的凌晨，南京地下党的五名青年党员却在萧瑟秋风中，走向了雨花台刑场。人们在一位烈士内衣口袋里发现了两封血迹斑斑的遗书，其中一封是他写给弟弟妹妹的诀别信。如今，每当观众在雨花台烈士纪念馆展厅里读到这封诀别信时，无不为之动容。这位烈士幼年父母双亡，担负着教育弟妹的责任。为了革命，他不得不丢下年纪尚小的弟弟妹妹，永远地离开了人世。他就是曾任共青团南京市委书记的史砚芬。

史砚芬的祖父曾参加过太平天国运动，史砚芬小的时候就听祖母讲爷爷的故事，知道了太平军的一些英勇事迹，也萌生了长大后要像爷爷一样当英雄、除暴安良的想法。

在史砚芬童年时，父亲就撒手人寰，留下了三个孩子，勤劳善良的祖母、母亲靠纺纱织布维持生计。母亲把振兴家族的希望都寄托在史砚芬身上，所以从小就对他的管教很严，教育他要做一个正直诚实的人。童年所受到的家庭熏陶，在史砚芬的人生道路上留下了深深的烙印，也为他走上救国救民的革命道路打下了基础。

史砚芬牢记母训，勤奋学习，刻苦攻读。母亲为了让他受到好的教育，就把他送到外祖父家，拜私塾先生史仲道为师，攻读古典文学达四年之久。后来，史砚芬考入了位于常州的江苏省立第五中学。

手不释卷

链接

在江苏省立第五中学期间，史砚芬深知家庭的重担、读书的不易，学习特别刻苦用功，经常通宵达旦读书，或油灯燃尽才休息，连走路的时候都经常手不释卷。有一次，他一边走路一边读书，看得入神，被地上的石块绊了一跤，摔掉一颗门牙。

史砚芬的叔叔是个地主，宅地很大，旁边有一块荒地，史砚芬就想把荒地整理一下，种一些蔬菜，给家里解决一点生计问题。没想到叔叔不让他种，还用棍子教训了他一顿。他不堪忍受欺辱，就回家和母亲商量，到江西南昌投奔舅父。在南昌任审判厅文书期间，他有机会了解江西、湖南等地群众运动的情况，并通过阅读许多进步书刊，对国内的革命形势和正在开展国共合作的国民党有所认识。

1926年，祖母病故，史砚芬奔丧返乡。其时，轰轰烈烈的大革命正在如火如荼地进行，革命军势如破竹，所向披靡。史砚芬回乡后，组织和发动家乡群众积极响应北伐。其间，他加入国民党，任国民党宜兴县党部宣传部部长。

1927年春，北伐军进抵沪宁线。宜兴作为苏、浙、皖三省军事要冲，军运频繁。史砚芬担任接应工作，他工作认真负责、果断干练，待人热情诚恳、谦虚谨慎，深受进驻宜兴的国民革命军赖世璜部党代表季伟佩赏识，遂介绍他加入共产主义青年团，不久转为中共党员。

1927年4月12日，蒋介石发动反革命政变，一周后在南京建立国民政府。全国陷入一片白色恐怖，中共的活动被迫转入地下。宜兴的国民党反动派也在到处抓捕共产党和革命群众，史砚芬被迫离开家乡，秘密去上海向上级请示。不久，他又秘密回到宜兴，担任共青团宜兴县委书记。

1927年10月，根据中共八七会议精神和中共江苏省委的指示，中共宜兴县委决定发动农民秋收暴动。史砚芬被确定为暴动副总指挥，负责宣传工作和发动青年学生。史砚芬和团县委委员宗钟等共同

八七会议记录（↓）

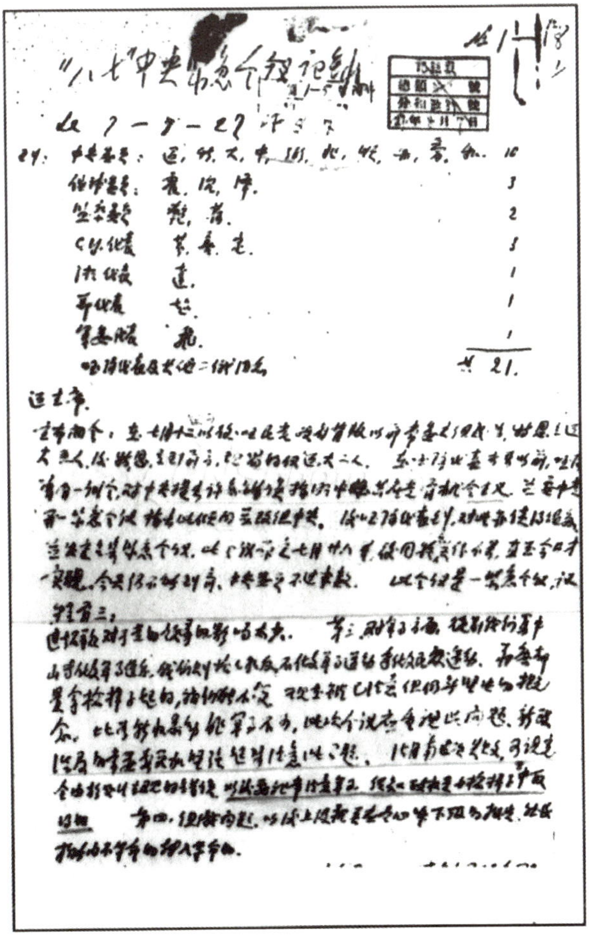

商定了调查、收缴商团枪支和组织学生上街下乡宣传等事宜。在史砚芬的领导下，共青团宜兴中学支部迅速进行动员，召开团员和积极分子会议，编写宣传材料。11月1日，宜兴农民暴动爆发。暴动队伍一举占领县城，宣告成立了宜兴工农委员会，公布了六条政纲，第一面绣有镰刀斧头的红旗飘扬在宜城上空。下午，由宜兴中学共青团员骨干组成的宣传队伍，到街头巷口和近郊张贴标语，散发传单、就地演说，高呼“杀尽贪官污吏土豪劣绅”“共产党万岁”等口号。工农委员会还组织工农法庭，审判镇压了民愤极大的土豪劣绅，并当众烧毁借据、田契，群众兴奋雀跃。在这激动人心的日子里，史砚芬等暴动领导人废寝忘食，紧张地工作着。

因敌我力量悬殊，起义遭到敌人的残酷镇压。史砚芬和同是宜兴暴动负责人之一的匡亚明经常州辗转至上海。在上海期间，组织分配史砚芬在共青团江苏省委工作，任沪宁线巡视员。他不畏艰险，积极工作，在尖锐的斗争中积累了丰富的经验。

雨花台烈士陵园国歌墙（↓）

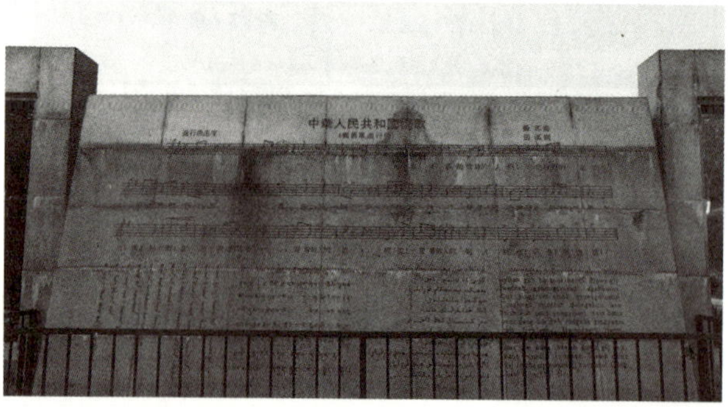

匡亚明的信

链接

匡亚明在1945年1月16日撰写的《宜兴秋收起义的简略经过》一文中写道："农民协会主要是团领导的。……团的县委书记史砚芬起义失败后调任南京团的市委书记，他在群众中威信很高。"

1928年春，史砚芬作为共青团江苏省委巡视员来到南京，并被任命为共青团南京市委书记。从此他在南京工人中发展组织，在学生中频繁地开展工作。

坐落在市中心的中央大学，是国民党严密控制的一所学校，也是进步思想集中的地方，史砚芬不顾个人安危，深入该校，广泛联系学生，并多次参加中大团支部会议，研究指导工作。

1928年5月5日，在中央大学附近的鸡鸣寺城墙上，史砚芬又一次参加中大团支部会议，出席会议的共有20多人。会后，史砚芬和中大学生黄觉庵、王汇伯一道走进中央大学侧门时，发现被人跟踪。三人决定走出校门分散走开，甩掉"尾巴"。可是刚走到校门口即被警察逮捕，旋即押送至公安局。

史砚芬、黄觉庵、王汇伯被分别关押在三个房间。晚上9时，敌人开始审讯。王汇伯在审讯中供出三人都是共产党员。然而史砚芬和黄觉庵拒不承认。敌人恫吓说："不承认就打死，承认了保证没有生命危险，并给事做……"

为了对付敌人，史砚芬、黄觉庵事先就已商量过对策，他们告诉敌人自己在校读书，并没有加入共产党，只是参加过文化团体，谁是共产党不知道。后来，敌人在审理其他案件时，得知史砚芬领导过宜兴暴动，任副总指挥。对此，史砚芬也拒不承认。敌人便把他转押到首都卫戍司令部看守所。在阴森的牢狱里，他用手中的笔为武器，写下了《夜莺啼月》等文章，揭露国民党统治的黑暗，以及对共产主义美好理想的向往。敌人对这个坚强的共产主义战士束手无策，最后通过江苏特种刑事法庭以"意图颠覆党国"为名判处他死刑。

知道自己不久于人世，史砚芬最放心不下的就是未成年的弟弟妹妹。他给弟弟妹妹们留下了一封诀别信，信中写道：

链接

亲爱的弟弟妹妹：

我今与你们永诀了。

我的死是为着社会、国家和人类，是光荣的，是必要的。我死后有我千万同志，他们能踏着我的血迹奋斗前进，我们的革命事业必底于成，故我虽死犹存。我底（的）肉体被反动派毁去了，我的自由的革命的灵魂是永远不会被任何反动者所毁伤！我的不昧的灵魂必时常随着你们，照护你们和我的未死的同志，请你们不要因丧兄而悲吧！

……

我死以后，不要治丧，因为这是浪费的，以后你能继我志愿，乃我门第之光，我必含笑九泉，看你成功。不能继我志愿，则万不能与国民党的腐败份（分）子同流。

现在我的心很镇静，但不愿多谈多写，虽有千言万语要嘱咐你们，但始终无法写出。

好！弟妹！今生就这样与你们作结了。

你们的大哥砚芬嘱

雨花台烈士纪念馆（↑）

史砚芬的狱中难友贺瑞麟在《死前日记》里记录了史砚芬行刑当天的情景："今日六时，史砚芬、齐国庆、王崇典几位同志……拖向雨花台执行死刑。砚芬临行时，身着到南京来的青绿色直贡呢夹长衫、汉清送给他的白帆布胶皮底（鞋）、白单裤。因为刚洗过脸，头发梳的光光的。他第一个先出去，神气最安逸……砚芬临去时，向我们行一个敬礼……'再会'。"牺牲时，史砚芬年仅24岁。

师集贤：丹青描绘新生活

师集贤（↑）

链接

20世纪20年代初，他从中华文明的发祥地之一陕西渭南负笈上海求学。

他是民国元老于右任的弟子之一。

他是被誉为“武有黄埔、文有上大”的上海大学最早毕业的学生之一，才华横溢。

他是一位教师，用新思想、新文化教书育人。

他是一位画家，用画笔描绘祖国的河山。

他是一位诗人，用诗歌咏唱人民的呐喊。

他以赤诚的救国为民之心，百折不回，终用鲜血和生命与黑暗抗争到底，铺垫通向美好之路。

他就是师集贤烈士。

1899年农历十月二十二日，师集贤出生于陕西省郃阳县（今合阳）东安家庄村一户贫苦农民家庭，幼时即失去父母，由叔父母抚养成长。他少时天资聪颖，在乡村读书，所学文字，无论长短，一遍即解；尤爱绘画，所见之物，皆入笔下。

10岁后，集贤在乡人合力出资帮助下，进入县立高等小学就读。1917年毕业后，他升入省城西安成德中学。

受五四运动后新思潮的影响，师集贤于1921年从古都西安来到东西方文化交汇的繁华都市上海求学，入私立东南高等专科师范学校，欲专习绘画。不料1922年春开学不久，校长携款出逃，全校学生愤而发起改组运动，请国民党元老于右任出任校长。10月23日，由于右任亲自改名的“上海大学”正式成立，师集贤成为最早一批学生。

此时，国共合作正在酝酿之中，培养国民革命人才是国共两党的重要任务之一。孙中山先生亲自批准月拨万元资助上海大学，中国共产党于1923年夏派出党的早期领导人邓中夏到校任校务长并主持工作。此后，瞿秋白、蔡和森、张太雷、恽代英等中共早期领导人均到校任教。中共主要创始人之一李大钊曾先后到校作过《演化与进步》《社会主义释疑》等演讲。学校成为国共合作创办、共产党实际领导、培养革命人才的高等学府。

在这座以“养成建国人才，促进文化事业”为宗旨的大学里，师集贤以蓬勃的朝气和旺盛的精力努力学习，汲取着革命理论和专业知识。他所在的美术科有丰子恺等优秀教师执教，使他在学业上受益极大。他在业余时间还参加学校探美画会，向师长探究，与同学研讨，为用画笔创造艺术之美孜孜不倦地求索着。

用画笔进行革命的创作

链接

随着思想觉悟的提高，师集贤始终感到心中有一团火在燃烧。他曾创作了一幅宣传画，画面是一枚银圆，一柄利斧带着呼啸声向银圆砍去。他解释说：银圆象征着社会上万恶的金钱关系，利斧代表革命势力，现在我们就是要打碎金钱关系。

上海大学是中共早期革命活动的一个堡垒，师集贤积极参加学校组织的反帝反封建斗争。他还和同学们一起上街游行，抗议直系军阀首领曹锟以贿选方式取得“大总统”职位。一次次斗争，使师集贤在政治上成长起来。

1924年，从上海大学毕业的师集贤满怀希望回到西安。

这位身材高大、相貌周正、清癯有力、德才出众的先生，倾心于人才培养，先后在陕西美术学校、陕西体育学校和中山中学执教。他积极传播革命思想，以新思想、新文化统领美术教学，又有文学素养，在师生中很受欢迎。

师集贤与同学合影（↓）

为学生的课桌椅抗争

链接

师集贤任陕西美术学校校长时，经费极少，学生的课桌椅都是向一家具店租用的。由于经济来源日益困难，学校支付不出租金。一次，家具店老板要强行搬走桌椅，师集贤与其交涉，力陈兴办教育之必要，希望能暂缓收取租金。老板沉着脸丝毫不让，师集贤激愤之下跳入校园一口井中，以死抗争。所幸师生抢救及时，他最终苏醒过来。

事情闹开后，有人十分同情师集贤的处境，欲代为支付租金，并依法向家具店老板索赔。当征求师集贤意见时，他说："只要能保留原桌椅，使学生课业不受影响，余愿已足，别的都谈不到。"通过此事，师集贤在西安教育界美名远传，深受当地群众和青年学生的敬重。

1928年秋冬，陕西发生特大旱灾，师集贤家乡所在的关中平原产麦区民众存粮又尽被军阀强征以备中原战争，饥民遍野，无以为生，人心惶恐。经时在陕西榆林任教的中共地下党员张更生与陕西爱国人士王复初博士密商，由王复初带着师集贤等出陕至上海、南京，秘密联络旅居两地的陕西人士，以谋陕西饥民举义暴动。后因诸多原因，暴动未果。

师集贤羁留南京期间，经学友介绍，到国民政府审计院第二厅第二科任办事员。这份工作薪金优厚，每月收入80元大洋。但他依然吃苦耐劳，生活节俭。其时，他患有严重的脚气病，难以治愈，脚烂得不能走路，但出门却从不坐洋车。他将省下的钱用来接济生活困难的乡亲。一次，有个来南京考学的同乡寄宿在师集贤处，师集贤见他衣着破烂，立即将一件新的汗背心脱给他穿。

1930年，师集贤秘密加入中国共产党。从此，他以职业为掩护，积极为党工作。他参加编印、发送地下刊物《工作半月刊》；经常参加党的秘密集会，替党传递秘密文件。当时的南京第一公园是师集贤与上级组织的秘密接头地点，每次双方都装作游人，简单交谈几句，交换情报信息后，又匆匆分手。

当时的南京成贤街12号是中共地下南京市委机关所在地，师集贤冒着在白色恐怖下机关随时会遭敌人破坏、自己将受牵连的危险，挺身做了房屋的担保人。

师集贤离开家乡多年，却难忘那里的山川林木；虽多遭艰难，却没有停下手中的墨笔，创作了一批美术作品。

当年不易收藏并保存至今的师集贤生前的国画作品，有立轴《春》《夏》《秋》《冬》，《寒江守望》和《寒梅图》《秋菊图》等。

这些作品，无论匠心之作高山流水，还是灵感小品花立寒霜，都生动鲜活，隽永清朗，意象鲜明，风格独具，反映了现实生活中的师集贤对美的感悟与表现，对艺术的求索与出新。画显意趣，它们集中地反映了画家热爱祖国、热爱生活的情怀，为真理而斗争、坚持革命的意志，对美好未来的憧憬！至今，它们都令观者赞叹不已，陶醉其中。

师集贤不仅擅长绘画，故乡渭南地区千古流传的《诗经》之风和五四新文化也熏染着他，使他文心诗情，风采卓然。

幼年失去父母的悲苦生活，给他留下了刻骨铭心的伤痛。他把个人的遭遇与人民的苦难融合在一起，化名师露冷，以饱含情感的细腻笔触，创作了新体长篇叙事诗《谁是我的妈妈》。诗中写道：

链接

…………

儿呀，

娘是旧社会的牺牲者，

儿是新社会的托命者。

娘无能，

而今后，

愿儿成长，

解脱自身痛苦，

推翻旧礼教。

儿呀，

努力着，

创造新生活！

奋斗着！

全诗以一个私生子的血泪控诉，揭露封建社会的丑态，描写劳动人民的痛苦，鞭挞反动统治的罪恶。该长诗作为诗集由工作出版社出版，封面由师集贤亲手绘画设计，在红底色上，一个孤苦无依的男孩，睁着大眼，流着泪水，凄惨呼唤……

1929年5月，师集贤创作的诗集《谁是我的妈妈》出版后，深受读者特别是小读者的喜爱。但此书内容的革命倾向遭到敌人忌恨，师集贤也因此引起了国民党特务的注意。

1930年夏，中共地下党员刘高天化名卢因勇，从沪来宁与师集贤接头。刘高天的主要任务是调查国民党驻南京各部队的番号、组成和武器配备，政府重要官员的车号及他们之间的相互关系。师集贤利用自己的职业身份，为她提供了不少重要情报。

刘高天年轻幼稚，缺少地下工作经验，让上海方面寄给她的进步传单和报刊都用师露冷之名转交。时值反动当局为镇压南京暴动疯狂搜捕、杀害共产党人之际，特务很快查获了邮件，这使师集贤处于危险之中。一天，特务佯装邮差，手持“师露冷转刘娄影女士收”的邮件来到师集贤的寓所。师集贤的几个同乡不明真相，代他收下邮件，特务立即将他们逮捕。师集贤下班途中，好心的邻居示意他，特务正在搜捕，劝他赶紧避开。这时，完全可以脱身的师集贤想到刘高天等人尚在房内，帮助同志们脱险要紧，他便加快步伐直入房内，对正在搜查的特务厉声喝道：“我是此房的主人，我就是师露冷，有事由我承担，与其他人无关！”

在国民党首都卫戍司令部关押期间，师集贤多次受到严刑拷打，但他严守党的秘密。一次，敌人将他的一只大拇指捆住吊起，挥舞皮鞭上下抽打，逼他招供。师集贤知道自己已暴露，他将个人生死置之度外，把一切都承担下来，以此掩护其他同志的安全。他说：“我是共产党员，其他人什么都不知道！”敌人假借怜悯他年轻有才实行诱降，他义正词严地说道：“今日我犯到你们手里，唯愿一死。休想我出卖自己的朋友！”敌人百般折磨，包括使用拶指等酷刑，师集贤昏死数次，坚不吐露，后被拖回牢房。难友见他浑身血肉模糊，手指鲜血淋漓，十分难过。他强忍疼痛说：“不要紧，我今天是‘凤凰单展翅’……”

由于师集贤的挺身掩护，与他同时被捕的刘高天等人皆被宣布“证据不足，无罪释放”。临别前，师集贤暗嘱刘高天：“应为革命奋斗到底，莫为我做无谓的营救……永别了！毋相忘。”

1930年9月4日清晨，师集贤等12人被押往雨花台刑场。他走在最前面，高呼口号，激昂壮烈地倒在敌人的枪口下。

师集贤牺牲后，为免遭敌人毁尸灭迹，友人将他悄悄地掩埋，并用烈士乳名在碑上题字“关中师道立之墓”。

以天下苍生幸福为念，

始终把人民放在心中最高位置，

就能排除私心杂念，

不计较个人得失，为伟大而崇高的事业义无反顾、一往无前。

舍身为民

为民牺牲的大无畏精神

1927年，大革命失败后，革命事业进入低潮，他们勇敢面对生与死的考验，无惧严刑与屠刀，置个人生死于度外，以感天动地的牺牲精神，塑造了烛照千秋的英雄群像。雨花忠魂镌刻的是“牺牲”二字，书写的是舍“小我”铸“大我”的人生答卷，展现的是中国共产党人敢于牺牲的崇高品质和大无畏的革命精神。现在，“党面临的‘赶考’远未结束”，仍然需要发扬敢于牺牲、不怕牺牲的精神，高擎起忠诚担当的精神火炬。

雨花英烈对理想信念虔诚而执着、至信而深厚，背后是为国家民族振兴计、为社会发展进步谋的担当精神。有担当才敢于牺牲。如果一名共产党员连最起码的担当精神都没有，为党和人民牺牲一切就无从谈起。当前，我们正在进行具有许多新的历史特点的伟大斗争，其艰巨程度世所罕见。狭路相逢勇者胜。只有振奋舍我其谁的担当精神，面对利益藩篱敢于啃“硬骨头”“涉险滩”，面对大是大非敢于亮剑发声，面对矛盾危机敢于挺身而出，面对挫折失误敢于承担责任，面对歪风邪气敢于坚决斗争，才能做到在急难险重任务和矛盾漩涡面前豁得出、顶得上、扛得住，彰显共产党人的强大人格力量。

人民至上。雨花英烈精神表明：以天下苍生幸福为念，始终把人民放在心中最高位置，就能排除私心杂念，不计较个人得失，为伟大而崇高的事业义无反顾、一往无前。当前，我们党面临“四大考验”“四种危险”，党的先进性能否始终保持、执政地位能否不断巩固，取决于党员心中人民群众的“权重”，取决于我们所做的一切能否实现好、维护好、发展好最广大人民根本利益。

刑场上的牺牲更彰显共产党人的意志品质。敌人是把雨花台作为屠杀共产党人示众的断头台，他们就是想把共产党人杀怕，但是没有达到目的，因为革命者英勇无畏，将断头台变成了对共产主义事业的宣讲台。从中国共产党建立到中华人民共和国成立，有相当一部分共产党员在雨花台慷慨赴死。

竭诚牺牲是成就共产党人壮丽人生的坚强保证。雨花台烈士中有不少人是知识分子出身的共产党员，他们没有把读书作为晋升致富的阶梯，而是选择了充满荆棘的革命道路。尤其是身陷敌人的铁窗炼狱，烈士们恪守对党和人民的忠诚，为革命的胜利流尽了最后一滴血，用青春祭奠了心中的宏伟事业。

为国为民是激励共产党人奋斗牺牲的根本动因。雨花台烈士中的许多人，青年时期就是秉承“学一门认识世界改造社会的学问”的志向，走上寻找马克思主义真理的道路。共产党人之所以用必死的决心投身革命，就在于他们把意志深深扎入谋求民族振兴、人民幸福的基石之中。

甘于奉献一辈子。雨花先烈之所以选择充满艰险和布满荆棘的革命道路，就在于他们拥有无私奉献的高尚情怀。奉献不是投入和报酬的等价交换。共产党人所讲的奉献，是“人生自古谁无死，留取丹心照汗青”的气节，是“宁为玉碎，不为瓦全”的气概。在我们党长期执政的新形势下，共产党员更要坚持吃苦在前、克己奉公，甘于奉献一辈子，为事业殚精竭虑、为人民鞠躬尽瘁。

郭纲琳：永是勇士数巾帼

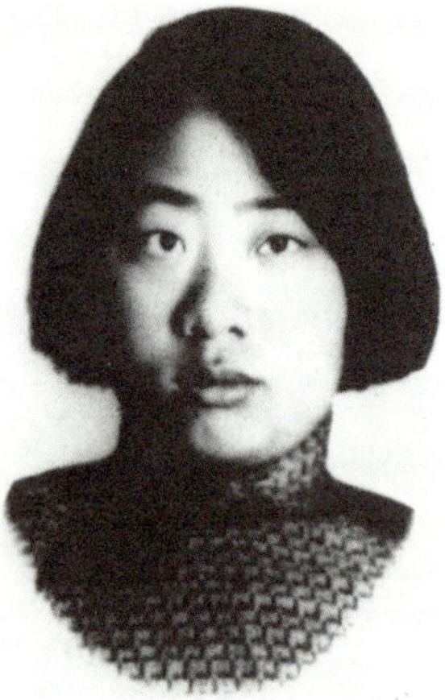

郭纲琳（↑）

链接

为了寻求知识和真理，她毅然离开封建家庭和学校，只身负笈南京、上海求学。

九一八事变后，在国土沦丧、民族危亡的关头，她在自己就读的大学组织起学生抗日救国会。接着，在要求国民政府出兵抗日的各地学生来南京总示威队伍中，她走在最前列，英勇奋斗。

在淞沪抗战的炮火中，她带着同学昼夜奔忙，支援前线。

在穷苦人中，她深入交谈，启发觉悟，建立组织。

在法庭上，她不顾及酷刑折磨，严拒利诱软化，绝不改变信仰，以勇敢顽强、忠贞纯洁的高贵品格，鼓舞难友的意志。

在刑场上，她为胜利放声大笑，使刽子手心惊胆寒。

她像高飞的雁群中领头的大雁，带着同

伴，迎着风雨，朝着春光明媚的温暖远方，翩然翱翔！

她就是革命女英烈郭纲琳。

1910年2月11日，江苏省句容县一个封建大家庭里，郭纲琳降生了。她祖父在句容县城开着泰和生布店，兼营百货，在句容天王寺还开了祥和分号，由她父母经营。

受民国初年西风东渐的影响，郭纲琳自幼受到良好的教育，就读于句容女子小学。1924年毕业后，她考入了无锡竞志女子中学。不久，因江浙军阀战争造成社会动乱、学校停办，她辍学在家。1926年9月，句容创办县立初级中学，郭纲琳成为该校第一批学生。

这时，大革命的浪潮正在国内兴起，句容县中因聚集起一批忧国忧民，思想进步的教师，学校一时有句容县“革命策源地”“革命青年的大本营”之誉。郭纲琳正是在这个火热的环境里，迎来了她的青春时代。她认真阅读老师推荐的《新青年》《新潮》等进步书刊，出演文明戏，迎接北伐军。大革命使她懂得了反帝反封建的道理，萌发了革命思想。大革命失败后，校方日趋反动，有些进步教师被怀疑是共产党而被解聘，连白话文也被禁止了。为了寻找出路，求得新知，郭纲琳毅然离开句容县中。1928年暑假，她考入南京鼓楼五卅公学就读。在南京，蒋介石政权血腥统治下的恐怖惨状，更激起她的革命义愤。

1929年春，郭纲琳考入上海中国公学预科（高中部），1931年秋进入中国公学大学部。她珍惜学习机会，勤奋读书，探求真理。入大学不久，震惊中外的九一八事变发生，上海工人罢工，学生罢课，抗日救亡运动掀起热潮。中国公学沸腾了，爱国学生同学校方面极力阻挠抗日救国的反动势力展开激烈斗争，在学校中共地下组织的领导下，爱国学生举行罢课，并驱逐了校长。

郭纲琳化装男子与嫂嫂合影（↑）

郭纲琳与堂姐的合影（↑）

郭纲琳在同寝室的地下共产党员、共青团员的带领和帮助下，积极参与组织中国公学学生抗日救国会。为了发动同学，她激愤地猛敲校钟，集合同学召开大会，并登台演讲，痛斥日寇对我国东北三省大规模侵略和蒋介石政府屈辱退让的罪行，号召同学们不当亡国奴，要坚决抗日，收回失地。她铿锵有力的演说，强烈地激发着同学们的爱国热忱。

9月25日、11月24日、12月14日，郭纲琳连续三次参加上海学生赴南京请愿示威，要求国民政府出兵抗日。郭纲琳在抗日救亡的斗争中成长起来。10月，她加入中国共产主义青年团；年底，她转为中共党员，从此开始了新的征程。

引人注目的女生示威

链接

在第三次来南京参加各地学生共两万多人于12月17日举行的联合总示威过程中，走在最前面的上海学生队伍，以中国公学的女生最引人注目。郭纲琳戴着深度近视眼镜，不断地领着大家唱起雄壮歌曲，高呼抗日口号。面对手持枪棍，恶狠狠地向请愿学生扑来的大批警察、宪兵，她挺着胸膛，毫无畏惧地走在队伍的最前列，并赤手空拳同军警搏斗。

由于蒋介石的不抵抗政策，日寇占领我国东北后，又把侵略魔爪伸向上海。1932年一二八事变发生，淞沪抗战随之爆发，上海民众全力支援第十九路军英勇抵抗进犯的日寇。郭纲琳代表中国公学爱国学生参加了中共江苏省委领导的上海学联的工作，她以满腔热血，带头奔走在支援抗战的第一线。当时，中国公学因淞沪战争毁于炮火。郭纲琳在党组织的领导下，组织被难同学会，收容无处安身的学生；带领学生募集寒衣，救济难民；夜以继日发动群众，组织抗日义勇军；参加战地服务队，支援前线。

大雁代表团结

链接

郭纲琳最喜欢大雁，她曾对难友说过："雁是很高尚的鸟，它们是合群的，最有组织和守纪律的。"她曾在枕套上绣过一只展翅高飞的大雁，表达自己严守党的纪律和难友们团结奋斗的决心。

4月，党组织决定派郭纲琳到共青团上海法南区委负责妇女工作。根据党的指示，她以到南市美亚绸厂任小职员为掩护，深入女工中办起夜校，教识字、讲革命道理；发展团员，建立了团支部。她还到附近的工厂去做组织联络工作。

入冬，党又派郭纲琳到共青团上海沪西区委负责工厂支部工作。该区工厂多，工人们白天都在紧张劳作。她经常天未亮就在街灯下迎接上班工人，向他们了解情况；晚上又在路旁等候下班工人，同他们谈心。整整一个严冬，她冒着寒冷，夜以继日地工作，引导很多工人走上革命道路。

1933年春，郭纲琳调任共青团江苏省委内部交通，她多次躲过敌人搜捕，机智地完成了转送党的秘密文件的任务。

8月，郭纲琳以团省委巡视员身份到无锡，任共青团无锡中心县委书记。由于她勤奋工作，使团组织很快得到恢复和发展。年底，该县委因叛徒出卖而遭破坏，不少同志被捕。危急时刻，她迅速通知暴露的同志立即转移，布置未暴露的同志隐蔽起来。安排定后，她自己化装为新娘，绕道南门到车站乘火车，脱离了险境，回到上海。

1934年初，郭纲琳调任共青团上海闸北区委书记。该区委已两次遭到破坏，环境险恶。郭纲琳毫无畏惧，接受任务后，积极投入战斗。不幸的是，1月12日傍晚，她秘密前往租界内海宁路一个地点开会，因叛徒出卖被捕。

郭纲琳被捕后化名郭英。第二天，敌人将她从工部局汇司捕房押解到江苏省高级法院第二分院第一法庭，立即审讯。郭纲琳沉着、坚定，据理驳斥。

一个星期后，法庭对郭纲琳进行公开审讯。因第二分院是特别法庭，凡在租界被捕的政治犯，都要在这里公开审讯后，方可引渡。郭纲琳身着旗袍和短呢大衣，从容镇定地出庭。当法官指责郭纲琳犯了“危害民国”“破坏睦邻”罪时，她从容不迫，反诘道：“谁丢了东北3000万同胞，谁丧失了东北三省土地，谁便是危害了民国。你们说，是我还是你们国民党？谁侵犯了邻国的土地，谁抢劫了邻国的财产，谁奸淫了邻国的妇女，谁便是破坏了睦邻。你们说，是我还是日本帝国主义？”这一连串义正词严的责问，使法官们目瞪口呆。在场观众鸦雀无声，无不投以钦佩的目光。

对郭英的报道

链接

据《大美晚报》对郭英被捕的报道，郭纲琳“态度之从容，为从来犯人中所罕见，面容冷酷，时摇头发平静之冷语……站立被告席中无半点忧色”。

另有一个外国记者报道说：“郭英——这位青年的女孩子的眼睛里有一种威严不可侵犯的光芒，比古代皇后还富于权力。那种光芒射向法官，法官失色；射向国民党那位可怜的官员，那位官员低头。结果弄得不是法庭在审讯犯人，好似犯人在裁判法官。”

中華民國二十三年一月十三日

又一批

共產嫌疑被捕

有郭顧白吳四人

吳爲公安局眼線

所以如此、查郭英、一名郭新弼、爲共黨閘北區區委書記、顧阿新爲省委交通、白敦興姓名爲馮玉清、爲閘北區區委書記、昨晚六時至七時爲共黨開會時間、皆前赴參加、顧有人數尚多、其餘在探捕去時尚未到、卒被漏網云、

後吳仁卿供、爲公安局眼線、昨郭英先來、顧阿新等絡續來、因顧阿新未吃飯、鄭子年乃出外叫麵食、

迨推事詢問郭英、郭身穿旗袍、外加短呢大衣、目近視、稍較常人突出、面態度之從容、爲從來犯人中所罕見、而容冷酷、時將頭發平靜之冷語、推事詢其是否共黨、搖其首稱、「什麼黨不黨、我不知道、」問以汝爲共黨書記、答稱、「不知道」、語更冷淡、站立被告席中、無半點憂色、總之、爲一冷酷鎮靜資格老練之女性、彼常向公安局人員面帶注視、

顧阿新供用涉人、前在商務印書館印刷部工作、其時即與鄭子年相識、昨晚往祥麟里係求尋覓工作、白敦興稱由南洋邀還來 因與鄭相識、來時彼老云、

後趙推事向公安局人員言、若要吳仁卿帶回、必須提出保證方可、

法庭报道（↑）

公开审讯后，郭纲琳即被引渡给上海市公安局。

不久，郭纲琳被押至南京国民党首都宪兵司令部看守所，敌人继续对她进行审讯和诱惑，她始终没有暴露自己的身份。在看守所里，郭纲琳怀着对党的忠诚，以其特有的细腻坚韧，将两枚铜圆磨成两颗铜心，用针镌刻上“健美”“永是勇士”，以表达崇尚美好、永当无产阶级革命勇士之心。

敌人最后以郭纲琳犯有“危害民国紧急治罪法”所列之罪，判刑8年，于1934年5月押解南京模范监狱执行。模范监狱女监关押的女政治犯中，有何宝珍、帅孟奇、夏之栩、钱瑛等一批共产党员和其他同志，郭纲琳与她们一起共同进行斗争。她参与组织和领导了两次绝食，团结难友同狱方虐待政治犯、克扣政治犯伙食费的罪行坚决斗争。绝食坚持了七天，敌人被迫答应了条件，斗争取得一定胜利。

在狱中，郭纲琳利用狱方不禁止读外文书的机会，努力学习英、日文版的马列著作。她常对难友说：“我们的理论基础太差了，对革命工作常常感到不能胜任。”她在给哥哥的信中说：“让我能得着的时日，求些我愿求的知识，直到最后一日。”

郭纲琳被关押期间，郭家想方设法营救，但几次都因她拒绝在国民党拟好的悔过书上签字而作罢。最后大哥郭纲伦得知如有两位国民党中央委员保释即可出狱的消息后，他请好了两名国民党中央委员同狱方交涉，条件是要郭纲琳在出狱后放弃政治主张。郭纲琳给哥哥回信说：“你要我做的，我是不能给你圆满的回答”“我不愿造一点点罪恶在我生命中”“我不能屈伏在一个无罪而加上有罪的名义下来遵从你。”

郭纲琳的行动，使敌人困惑不解，但他们又不甘失败。一天，一个国民党中央党部的代表找她谈话，假作斯文地对她说："青春的生命多么美好，而你愿意将自己青春的生命消磨在监狱里，这又何必呢？谁又记得你呢？谁又会说起你呢？"郭纲琳断然答道："革命者的青春才是美好的，我早已将她献给了伟大的祖国。……我并未希望人们记起我，说起我；我只希望他们朝着自由幸福的道路前进，朝着祖国独立的道路前进！朝着人类翻身解放的道路前进！……我相信马克思主义一定会胜利。"

刺绣表忠心

链接

监狱中的女同志，还利用刺绣、打绒线来锤炼自己的意志。审美高雅、心灵手巧的郭纲琳在一条手绢的左上角绣上五角星，右下角绣了英文 Long Live（万岁），以表达她对党的热爱和思念之情；在一个枕套上绣了一行刚劲有力的英文"To struggle for truth!"（为真理而斗争！），以表达她对共产主义崇高理想的坚定信念和为探求真理而奋斗终身的决心。

1935年一二·九运动后，抗日民主运动不断高涨。全国人民要求“停止内战，一致抗日”“释放一切政治犯”的呼声越来越高。蒋介石玩弄两面派阴谋，公开答应“准备大赦”，而实际上将政治犯转到反省院，进行精神折磨。1936年9月，郭纲琳与其他难友一起被押到首都反省院。在反省院，郭纲琳带头拒唱国民党的党歌，不上“三民主义课”和“马列主义批判课”，借写反省日记的机会写传单、情报，鼓励难友们坚持斗争。

1937年7月1日凌晨，敌人将郭纲琳作为重点惩处对象，押回了宪兵司令部看守所，关进甲所11号。这是关押判了死刑即将执行的犯人的地方，难友们称其为“等死台”。敌人对郭纲琳严刑拷打，妄图使她屈服。她愤恨地说：“你们打我干什么？何必这么凶，有本事，打日本鬼子去！”敌人用竹管套在她嘴上，可她仍艰难地高唱“同志们奋斗，革命的路，是一块块血肉拼筑起来……曙光在前头，冲上前去……”受刑后，她用鲜血在囚室墙上写下“立场坚定，为革命而牺牲！拥护真理，为真理而流血！”郭纲琳英勇斗争、宁死不屈的精神，为难友们所深深敬佩。帅孟奇回忆说：“她的英勇气概鼓舞了很多人，起了很大作用，使有些动摇的人坚定下来了。”

郭纲琳义女李大纲、李大琳合影（↑）

西安事变后，中国共产党一直要求释放一切政治犯，积极营救狱中的同志。蒋介石虽表面答应，暗里却对政治犯严密封锁消息，并下毒手处决一批政治犯。

1937年7月的一天，敌人将郭纲琳押到雨花台。临刑前，面对敌人，她高唱《国际歌》，大笑一阵后说："你们整整关了我4年……我凭了真理，凭了我对人民的忠贞，凭了党给我的教育，我将你们费了不少狗力气想出来的一切阴谋诡计打得粉碎，可见我是胜利了！……你们一定会被消灭，中国人民的革命一定要胜利！"

冷少农：忠孝只酬主义真

冷少农（↑）

链接

1927年，四一二反革命政变后，时任中共中央军委书记的周恩来总结血的教训，根据列宁创建“契卡”的原则和经验，于1927年5月在汉口成立了以情报、保卫工作为主要任务的“特务工作处”，直接归中央军委领导。这标志着中共最早的情报、保卫专业机构开始建立。

1927年7月宁汉合流，轰轰烈烈的大革命遭遇失败，中国共产党的工作被迫转入地下。就在此时，一位共产党员奉周恩来指示潜入此时犹如虎穴龙潭的南京，在充满危险的岗位上，凭着对党的无比忠诚和中国革命事业的坚定信念，英勇机智地开展地下斗争，直至献出宝贵的生命。他便是中共隐蔽战线的先驱者冷少农。

冷少农出身于贵州省瓮安县一个小康家庭。他6岁进入私塾，14岁考入瓮安县立高等学堂。17岁时，冷少农以优异成绩考入贵州公立法政专门学校，成为闻名四邻八乡的青年才俊。

1919年五四反帝爱国学生运动迅速波及贵阳，冷少农积极参加贵州省学生联合会组织的学生游行示威，声援北京。同时如饥似渴地阅读进步书籍和报刊，与思想进步的同学一起研读、宣传马列主义，探寻救国救民的道路。他将自己的名字“肇隆”改为“少农”，以表达为劳动大众献身的志向。1923年，他怀着学以致用、救国济民的美好愿望从法政学校毕业，先后任《民意日报》编辑，贵州筹饷局紫云、开阳印花税督催员等职。

但是，冷少农很快就陷入了失望的痛苦中。他越来越清楚地意识到，在封建军阀的统治下，自己所学到的法律知识不仅不能保护广大劳苦大众，更改变不了他们被压迫的悲惨命运。在任开阳印花税督催员时，冷少农带着救国济民愿望破灭的创痛，更带着砸碎旧世界的决心，愤然放弃不少人羡慕的“美差”，弃职还乡，寻机参加革命。

1925年，冷少农离别母亲、妻子和不满半岁的儿子，前往广州投身革命，在黄埔军校工作期间加入中国共产党。入党后，冷少农被党派往黄埔军校政治部主任周恩来的办公室工作。东征胜利后，被调往中共两广区委工作，任周恩来的技术书记（秘书）。在周恩来身边工作的几年间，冷少农表现出了机敏的性格和出色的才干。

1927年10月的一天，一艘由武汉开往南京的客轮停靠在南京下关码头。熙熙攘攘的人流中，冷少农西装革履、文质彬彬，手提一只精巧的皮箱，巧妙地避开四周军警特务到处搜寻的目光，从出口处镇静自若地走了出来，开始了他在白色恐怖笼罩下的敌占区的潜伏生涯。

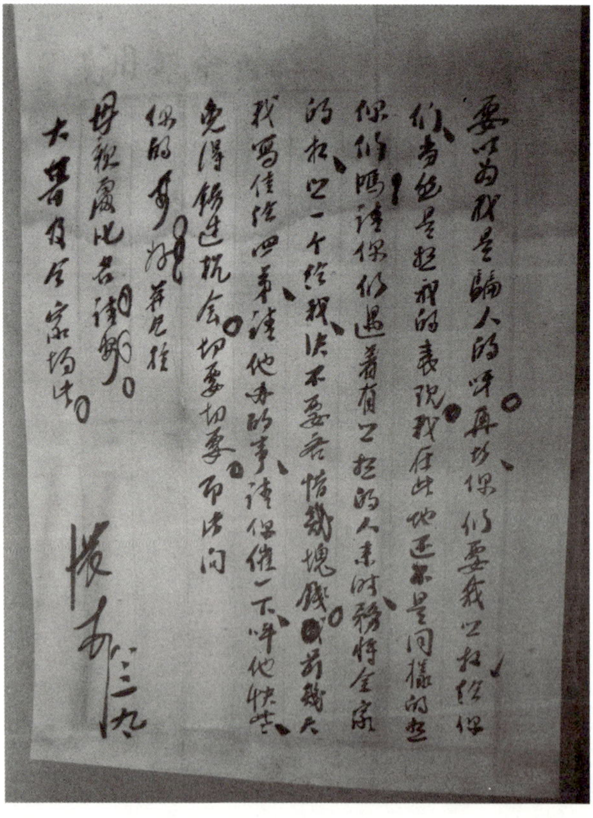
要以为我是骗人的呀。再於你们要我以相给你
们，当然是[illegible]我的表现，我在此地还不是同样的想
你们吗？请你们遇着有可靠的人来时，務将全家
的相片一个给我，决不要吝惜钱。前几天
我写信给四弟，请他办的事，请你催一下，叫他快些，
免得错过机会。切要切要。即此问
你的身好，并兄好。
母亲处代为请安。
大哥及全家均此。
振 十二、九

冷少农给妻子的信（↓）

冷少农给儿子的信

链接

冷少农在给儿子冷德仓的信中写道："你的祖母、伯父、母亲十分钟爱你。我虽然离开得远，不能向你作且实（切实）的表示，但是也不能说我不爱你。不过他们之爱你，是望你将来成为一个特出的人物，一切以自己以家庭利益为重的特出于般人的人物；我之爱你，是望你将来为一极平凡而有能力为一般劳苦民众解决不能解决之各项问题、铲除社会上一切不平等之人物。苍儿！社会之新光在照耀着你，希望你猛进！"

时任国民政府军政部部长的何应钦是贵州人。几经周折，冷少农利用同乡关系，顺利地潜伏至何应钦的身边，担任总监部和南京宪兵司令部秘书。由于冷少农在国民党重要部门任职，又深得何应钦的赏识，他接触和获取的情报很有价值，使国民党军队的重大行动部署尽在中共中央的掌握之中。

1929年，冷少农根据周恩来的指示，在南京石将军巷10号建立中共地下联络站，联络了郑仲坚等贵州籍具有进步思想的军人。他们利用各种关系收集情报，并发展国民党中央陆军学校的瓮安老乡舒葆初加入中国共产党。冷少农还和地下党其他负责人在南京秘密策动了国民党一个营投奔红军。

1930年10月，中原大战结束后，蒋介石迅速抽调兵力，组织对中央苏区的第一次大规模“围剿”。根据冷少农提前送来的机密情报，红军应对有方，退敌10万，生擒敌前线总指挥兼师长张辉瓒。

1931年4月，蒋介石调集20万兵力，由何应钦任总司令坐镇南昌指挥。从江西吉安到福建建宁400公里战线上，中央军以“稳扎稳打，步步为营”的方针，分兵四路向中央苏区分进合击。前线战斗还没有打响，何应钦总指挥部的电台密码，就被冷少农送到了根据地。很快，国民党军队的通讯内容全部被红军掌握。

当时在根据地，苏区中央局与红一方面军总部在破敌对策上存在很大分歧，争论未果。在敌人大兵压境的关键时刻，冷少农力施巧计，从何应钦机要秘书身上获得最核心情报，敌军部署和作战方案一目了然。

根据这份关键情报，毛泽东分析了敌我形势，指出参加第二次“围剿”的敌军数量虽多，但全为蒋介石的非嫡系部队，内部矛盾重重，弱点很多，地形不熟，情况不明，官兵恐慌。他力主诱敌深入，运用游击战术，扰敌、堵敌、截敌、袭敌、诱敌、毒敌、捉敌、侦敌、饿敌、盲敌，待机集中优势兵力歼灭敌人。中央红军3万人经过3个月的奋战，取得第二次反“围剿”的胜利。

正当冷少农的工作顺利开展，千里之外的母亲的来信使他陷入深深的痛苦。由于长期从事秘密情报工作，冷少农一直不能回家探望，这使得亲人开始对冷少农和他的工作产生了误解。母亲写信责备他“不忠不孝、忘恩负义”，只图自己的荣华富贵。

冷少农给母亲的回信

链接

整理好思绪的冷少农给母亲写了一封千言的回信，信中写道："照理我应该把家庭中一切的责任负起来，把官做大一点，把钱找多一点，……使得家里的人都享受一点清福，……但我竟不这样做，……这是你老人家急于要知道的，也是我现在要解答的。你老人家和家庭中一切人过去和现在的苦痛，我是知道的，但是无论怎样的苦，总不会比较那些挑抬的和那些讨田耕种的、讨饭的、小偷们、土匪们苦痛……我因为见着他们这样的痛苦，我心里非常的难过，我想使他们个个都有饭吃，都有衣穿，都有房子住，都有事情作（做）……"

冷少农故居挂牌仪式（↓）

冷少农不能直接向母亲说出自己不能尽孝的原因，只能委婉地解释自己的工作，用生活中的实例和浅显的道理，向母亲进行耐心的解释，禀告自己理想抱负：“我现在就是在向着这个方向做起去，这样的事情，是一件最大而又最复杂的事情，我要这样干，非得把全身的力量贯注着，非得把生命贡献，不会得到效果。我既把我的力量和生命都交给这一件事情，我怎么能够有工夫回家来，忍心的（地）丢着这样重大的事情，看做（作）一般人受痛苦，而自己来独享安逸呢？……我是把我的孝，移去孝顺大多数痛苦的人类，忠实的（地）去为他们努力……”字里行间充满了拳拳之心，表明了一个共产主义者的“忠孝观”和“义利观”。

在南京潜伏期间，冷少农在不断收集情报的同时，他受周恩来的委托，协助多次遭破坏的中共南京市委恢复党组织，并与王若飞等领导南京地区的“兵运”“工运”“学运”。在此期间，他秘密发展了多位国民党军队人员入党。

1931年顾顺章叛变后，周恩来、聂荣臻、李克农、钱壮飞、曾希圣等被迫撤离上海前往中央苏区。而隐蔽较深的冷少农和中共南京特委书记李耕生仍然留守，坚持地下工作。

鏈接

难友回忆

据狱中难友笪移今回忆冷少农时说："当时，他被关在我对面的牢房，中间有一个过道，可以互相讲话，他们那边一共关了四个人。而少农同志是穿西装的，他平时话很少，很乐观，面对敌人时表现得很冷静，看起来相当稳重。当时估计，他是一个比较重要的人物。"

冷少农烈士故居（↓）

由于冷少农冷静、缜密的行事风格，当时的南京国民政府虽然对潜伏于其内部的“红色特工”非常头疼，但就是苦于迟迟不能发现。最终，由于叛徒出卖，冷少农的真实身份才被察觉。

1932年3月，敌人从叛徒口中得知冷少农是中共安插在南京国民政府军政部的重要人物，宪兵司令谷正伦亲自下令逮捕了冷少农。何应钦万万没想到，他的同乡、亲信冷少农，竟然是一个共产党。许多国民党官员为讨好何应钦，纷纷前来劝降冷少农，让其供出同伴，但都遭到他的拒绝。

中共南京地区党组织得知冷少农被关押在宪兵司令部看守所，曾多方设法营救，但终因案情重大而均未成功。冷少农在狱中非常沉稳，始终保持坚定的信念，不为高官厚禄所诱，不为严刑拷打所屈服。

1932年6月，冷少农被杀害于雨花台。

邓中夏：五四健儿工运魂

邓中夏（↑）

千年学府岳麓书院，邓中夏曾在此求学。（→）

链接

他出身于官宦人家，却放弃衣食无忧的生活，将毕生精力倾注于为劳苦大众谋解放的事业；

他是北大红楼走出的第一批中共党员、中国工人运动的杰出领袖；

他因抵制王明“左”倾错误路线，被撤销党内一切职务，在沪东区委宣传部油印小报，依然对党的事业忠心耿耿；

他临危受命，担任全国互济总会主任兼党团书记时，尽职尽责，无所畏惧；

他就是中国共产党的早期领导人之一——邓中夏。

1894年10月，邓中夏出生在湖南省宜章邓家湾村。父亲邓典谟是前清的举人，曾任北洋政府铨叙局主事、国民政府行政院一等书记官等职。在家庭的熏陶下，邓中夏从小酷爱读书。1915年考入湖南长沙高等师范文史专修科。1917年随同父亲到北京，考入北京大学国文系。

在北大，邓中夏结识了任教的李大钊。在十月革命胜利的鼓舞和李大钊的引导下，邓中夏的思想发生着巨大的变化，这时他已经深深感到只埋头读书，不关心现实是不能救国救民的，于是他发奋读新书，开始研究马列主义，并积极投入当时的反帝爱国斗争。

1918年5月，北洋政府与日本订立了《中日共同防敌军事协定》，北大爱国学生为此进行罢课请愿，邓中夏是这次请愿的组织者之一。这也是邓中夏参加的第一次爱国运动。

随后，他又积极参与组织了全国性的学生团体学生救国会，并被选为负责人之一。但不久，学生救国会遭到北洋政府的高压打击。此时北大校长蔡元培提倡，学生应走出校门、走向社会；李大钊也发表《劳动教育问题》《青年与农村》等文章，积极号召青年到民众中去广泛进行民主主义宣传。邓中夏迅即响应，和几位同学一道，利用假期来到唐山矿区，与工人们进行接触，了解矿工的生产生活状况。

邓中夏写新体诗

链接

为了唤醒更多的青年走出校门，走向社会，他写下了一首激情昂扬的新体诗：

青年们！
醒来哟！
谁在你们的四围，
虎视鹰瞵的？
磨牙吮血的？
你们是处在一种什么环境？
你们是负了一种什么责任？
春花般的青年们哟！
朝暾般的青年们哟！
烈火般的青年们哟！
新中华的改造只仗你们了，
却不是仗你们几首新诗。
青年们！
醒来哟！

1919年3月，邓中夏等发起组织旨在“增进平民智识，唤起平民之自觉心”的北京大学平民教育演讲团，并被推为总务干事。4月3日至5日，演讲团在北京东便门蟠桃宫向各界群众连续进行了三天的讲演。邓中夏登台讲演的《家庭制度》《现在的皇帝倒霉了》很受听众欢迎。当时的《北京大学日刊》曾这样报道：“黄沙满天，不堪张目，而其听讲者之踊跃，实出于意料之外。”

同年5月，五四运动爆发，邓中夏是运动的领导者之一，参与了火烧赵家楼的壮举。

1920年3月，邓中夏在李大钊的影响下，参加了中国第一个研究马克思主义的团体——马克思学说研究会，积极从事马克思主义研究工作。同年10月，北京共产党早期组织成立，邓中夏成为第一批加入的党员。这年秋天，邓中夏到铁路工人比较集中的长辛店开展工作，成立了中国第一个工人俱乐部——长辛店工人俱乐部，领导工人开展反对工头、要求提高工资待遇的斗争。

为领导全国职工运动，中国共产党于1921年8月成立了中国劳动组合书记部，邓中夏担任书记部的领导工作。他南北奔走，积极策动和部署各地的职工运动。1922年第一次全国劳动大会后，邓中夏担任劳动组合书记部总部主任。

在党领导的全国第一次罢工高潮中，邓中夏领导了长辛店铁路工人的8月大罢工。罢工的胜利使四方云动，激流澎湃。不久，开滦五厂的工人也开始了大罢工。在大罢工中，工人遭到英帝国主义水兵及天津警察的镇压，邓中夏破指血书，激励他们，并亲自指导罢工，领导工人坚持与帝国主义和北洋军阀斗争到底。同年，邓中夏在中共二大上，当选为中央执行委员。以后在中共三大、五大、六大上，他分别当选为中央委员或候补中央委员。

1923年2月7日，爆发了震惊中外的二七大罢工。邓中夏是这次罢工的主要组织者和领导者。

1925年2月，邓中夏与李立三一起发动和领导了上海日本纱厂的反日大罢工，共有22个日本纱厂的4万余工人参加。邓中夏将全部精力集中在工会工作里，夜以继日地在工人中活动。罢工中，工人冲入租界，捣毁工厂，与军警直接发生冲突，以致多人被捕，其中包括现场指挥游行示威的邓中夏。由于当时正处于大罢工的高潮中，政府当局迫于压力，不得不释放邓中夏和其他被捕的工人。这次反日大罢工也成了五卅运动的前奏。

北大红楼（↑）

《新青年》杂志（←）

邓中夏坦然面对敌人

链接

有同志担心邓中夏的安全，提醒他注意隐蔽，邓中夏坦然地说："我们要善于隐蔽，但不能为了安全而失去与群众的联系。假如我们不与群众联系在一起，我们便毫无作为，那么敌人也用不着害怕我们，我们也就失去了一个革命战士的作用了。"

1925年5月，第二次全国劳动大会在广州召开，会上采纳邓中夏的建议，成立了中华全国总工会。邓中夏被选为执行委员，并担任秘书长兼宣传部部长。大会闭幕后不到20天，轰轰烈烈的五卅运动爆发。当时，邓中夏、周恩来、陈延年都在广州，他们立即开会研究，决定派邓中夏去香港发动工人罢工。

6月中旬，邓中夏抵达香港。当时，在香港的共产党员不足10人，团员也只有10多人，全港虽有130多个工会，工人阶级队伍比较庞大，但由于缺乏统一的组织，加之各个工会领导人的思想状况很复杂，难以形成凝聚力。邓中夏、苏兆征等在深入了解情况的基础上，通过个别走访、谈心谈话等方式，针对各工会领导人开展灵活细致的思想政治工作，激发他们的爱国热情，解除他们的思想疑虑，并适当照顾他们的利益，终于争取到大多数人对罢工的赞同和支持。19日清晨，香港20多万罢工工人在邓中夏的精心安排下，如滚滚洪流、滔滔海浪，从海路、陆路纷纷回到广州。不出几日，曾经车水马龙、华灯璀璨的香港，变成了一个空港、死港。

在这次震惊中外的省港大罢工中，邓中夏担任罢工委员会副主席、党团书记和总顾问，同时主编《工人之路》。他和苏兆征等在极其复杂的条件下，以严密的组织、出色的宣传、灵活的策略，率领广大工人同英帝国主义及军阀势力进行了坚毅不屈的斗争。

省港大罢工坚持了16个月之久，沉重地打击了英帝国主义，有力地支援了北伐战争，在中国工运史上写下了光辉的篇章，在世界工人运动史上也留下了浓墨重彩的一笔。置身于复杂斗争环境中的邓中夏，表现出了坚韧无畏的革命气概、高瞻远瞩的战略眼光和卓越不凡的组织才能，是一位当之无愧的中国工人运动杰出领袖。

大革命失败后，全国笼罩在白色恐怖之中。在中共五大上，邓中夏与瞿秋白、毛泽东、任弼时等严肃批评了陈独秀的右倾错误。会后，邓中夏调任中共中央秘书长，负责处理繁重的中央日常事务。7月底，他从九江回到武汉，参加中共中央为挽救革命在汉口召开的八七会议。

八七会议纠正和结束了陈独秀的右倾错误，号召人民向国民党反动派开展英勇的武装斗争。会上，邓中夏当选为临时中央政治局候补委员，会后即前往上海，接替不久前被捕牺牲的陈延年，任中共江苏省委书记，传达八七会议精神，开展武装斗争。广州起义失败，他又接任中共广东省委书记，在重大困难面前，艰难顽强地开拓斗争局面。期间，他再次被捕入狱，由于没有被国民党当局辨认出来，后被营救出狱。

邓中夏表现出强硬

链接

一次，当邓中夏受刑从昏死中苏醒过来时，一名国民党“要人”对邓中夏说：“你这样强硬，难道不想出去，不想获得自由吗？”邓中夏很干脆地回答说：“我未进来之前，倒想到有一天会进来，现在进来了，倒从未想到会出去！”

1928年6月，邓中夏赴莫斯科参加中共第六次全国代表大会，任大会主席团成员和政治、军事、组织、职工运动、苏维埃运动等委员会委员。他在会上作了《苏维埃组织问题决议大纲》的报告，并被选为中共中央候补委员。会后，任中共中央驻共产国际代表团成员、中华全国总工会驻赤色职工国际代表。他参加了赤色职工国际第四次代表大会和第二次太平洋劳动会议，被选为赤色职工国际执行委员。暂住莫斯科期间，在工作繁忙、资料缺乏的情况下，邓中夏凭着记忆撰写了著名的《中国职工运动简史》一书，总结了中国职工运动初期的经验。

1930年，邓中夏回国，先是担任中共湘鄂西特委书记和红二军团政治委员，红二军团改编为红三军后，邓中夏任政委。

1931年底，邓中夏离开湘鄂西回上海。这时以王明为代表的“左”倾教条主义错误在党中央领导机关取得了统治地位。邓中夏回到上海以后，因其在莫斯科期间参与调查王明在莫斯科中山大学制造的“江浙同乡会”和“工人反对派”等冤案，受到王明的打击报复，在政治上和生活上都曾处于非常艰难的境地。

当时执行王明“左”倾教条主义错误的党中央既不及时对邓中夏做审查结论，又不分配他适当的工作，只让他在党的一个基层组织——沪东区委宣传部参加活动，写写传单、刻刻钢板。沪东区委让他和匡亚明编印油印小报——《前锋》，他毫无怨言，勤勤恳恳，撰写的文章战斗性强，生动活泼，将这张小报办得有声有色，在上海党组织中声名远播。

1932年夏天，设在上海的赤色互济总会、各省市的互济分会以及许多工厂、学校中互济会的基层组织相继遭到敌人的摧毁和破坏。邓中夏临危受命，担任全国互济总会主任兼党团书记。邓中夏以自己不避艰险的大无畏精神教育鼓舞着同志们，使互济会的工作开展得十分活跃。

邓中夏开导互济会同志

链接

有些同志对于参加互济会的工作有顾虑、有想法，邓中夏总是耐心地开导说："我们这样的人做事，不能选择哪儿干得痛快，重要的是看对革命是否需要。最危险、最危难、别人都不喜欢的岗位，经得起考验的老同志应当义不容辞的站上去。"

1933年5月15日，邓中夏在上海法租界不幸被捕，解来南京。国民党想挑拨是非，对他说："你是共产党的老前辈，现在却受莫斯科回来的那些小辈欺压，连我们都为你感到不平！"邓中夏不屑一顾，反问道："这是我们党内的事，你有什么权力过问？一个患深度杨梅大疮的人，有资格嘲笑偶尔伤风感冒的人吗？"

敌人的诱降活动一次次地失败了，便用各种残酷刑具，妄图以肉体上的痛苦来摧毁邓中夏的意志。但是，对于一位对党和马列主义赤胆忠心的勇士，非人的酷刑毫无作用。他曾坦然地对难友们说："他们很快会杀死我的，但他们绞不死中国革命！"

狱中秘密党支部派人在放风时间悄悄问他：“大家想知道你的政治态度？”邓中夏坚定地说：“请告诉同志们，就是烧成灰，我邓中夏也是共产党员！”敌人见邓中夏不畏威吓，不为利诱，于是决意杀害他。在临刑的前夜，邓中夏委托难友将他写的一封信转给党。信上说：“同志们，我快要到雨花台去了。你们继续努力奋斗吧！最后的胜利终是属于我们的。”

1933年9月21日黎明，一名国民党宪兵对临刑前的邓中夏说：“你有什么话就说吧，不然就没有机会了！”他看了看这个宪兵，说道：“对你们当兵的人，我倒有一句话说，请你们睡到三更半夜的时候，好好地想一想，杀死了为工农大众谋福利的人，为人民翻身求解放的共产党人，对你们这些当兵吃米的人有什么好处？”随后，邓中夏在雨花台从容就义，时年39岁。

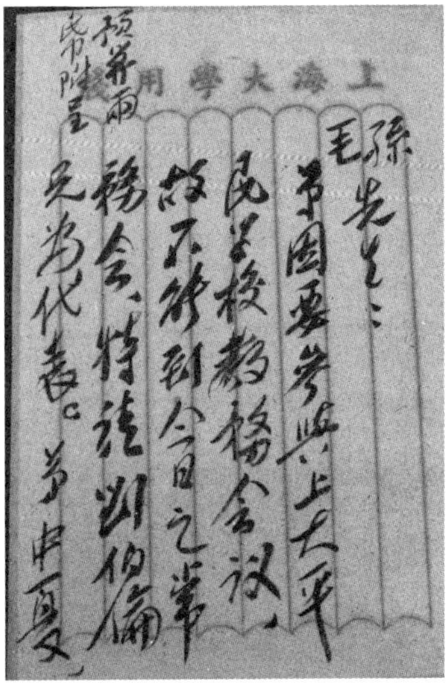
上海大學用箋

孫、毛先生：

弟因要參與上大平民學校教務會議，故不能到今日之常務會，特請劉伯倫兄為代表。弟中夏

邓中夏手迹（↑）

孙津川：为党随时献一切

链接

1927年3月21日，孙津川在上海工人第三次武装起义中成功发动了南市起义，并作为“特别军委”的“总管”为起义的胜利做出了不朽功绩。

“为党随时牺牲一切”是孙津川的一句名言和人生信条，他是这么说的，也是这么做的。

孙津川（↑）

1895年，孙津川生于安徽省寿县。由于父亲早逝，迫于生计，作为长子的孙津川举家一起搬至上海，落脚于上海郊区的张华浜赵家宅。1923年春，孙津川进入当时在上海颇具规模的大厂——吴淞机厂，在一号厂冷气间做钳工。一天傍晚，放工的孙津川回家途中，遇到被中共上海区委、上海市总工会和全国铁路总工会委派到吴淞机厂开展工会运动的地下党员彭干臣正在街头作演讲。孙津川深受触动，等彭干臣讲完后，上前邀请他到家里坐坐。彻夜的长谈使孙津川多年百思不得其解的问题得到了解答。孙津川对彭干臣说：“我要求参加革命。”

孙津川深知工人疾苦，他关心、熟悉每个工人的生活情况，经常到工友家里访问。他还大力协助彭干臣等印制传单、发表演讲、创办夜校。孙津川经常去夜校授课，深入浅出地给工人们分析当前的时局，讲述共产党在革命斗争中的作用，同时还介绍俄国十月革命的情况，告诉大家“十月革命是中国工人阶级的斗争榜样”。当年听过孙津川讲课的孙以华说：“孙津川小时候曾读过几年私塾，有一定文化，很会做宣传鼓动工作。”时间长了，工人们慢慢接受了这些革命道理。

1925年8月，彭干臣、王警东介绍孙津川加入中国共产党。年底，中共吴淞机厂特别支部成立，孙津川任书记。9月5日，在吴淞机厂成立了沪宁铁路工人协进会，孙津川被选为委员。10月，孙津川在工人夜校的基础上，建立了一个友谊读报室（即吴淞机厂工人俱乐部），还办有《工人周报》，每期发行500份。在全国铁路总工会委员长王荷波和上海总工会委员长李立三、全国总工会副委员长刘少奇的关心、指导下，孙津川迅速打开了吴淞机厂工人运动的局面。

罢工的时机逐渐成熟，在党的指导下，孙津川首先领导吴淞浜南铁路工厂的工人进行了一场要求

“增加工资”的罢工运动，斗争坚持了五天，取得了胜利。在此基础上，孙津川领导工人由经济斗争转向政治斗争，提出改善待遇，不准殴打工人和任意开除工人等进一步要求，开展了第二次罢工，这次罢工连续坚持了15天，又一次获得了胜利。革命的火焰很快蔓延开来。

罗章龙回忆孙津川

链接

当年全国铁路总工会的负责人罗章龙后来回忆说：“因我是全国铁路总工会的负责人，他是沪宁铁路总工会的负责人，也是支部书记……专门做沪宁沪杭二路党的负责人。他有文化，也能干，群众威信很高。”

1927年3月，中共中央和上海区委联席会议决定，准备发动第三次上海工人武装起义。孙津川根据市总工会指示，积极组织沪宁铁路罢工委员会，并进行罢工前的各项准备工作。他直接领导的吴淞机厂的罢工斗争，在上海工人第三次武装起义总同盟的罢工中起了先锋作用。3月5日下午，吴淞机厂工人开始罢工。15日，沪杭甬全线工人和职工罢工，交通停顿，局面一片混乱。19日，沪宁铁路罢工委员会改组为沪宁沪杭两路罢工委员会，孙津川担任主任委员，发布了给两路工人的罢工命令和宣言。

3月21日中午，上海工人第三次武装起义开始。沪宁、沪杭两路工人组成了一个纠察大队，孙津川任大队长。铁路工人在孙津川的率领下积极参加了起义。3月22日的《申报》记载了起义的情况："铁路工党自卫军孙津川、杨顺福、周长福带领工人百余名，各持手枪、炸弹至南站，检查鲁军，并收缴炸弹一箱、子弹一箱，一面派工人至车站后面淞沪警察第二区第三派出所收缴警察枪械五支。"之后，孙津川带领一队纠察队员去高昌庙，配合总工会的别动队攻打李宝章的上海防守司令部。

在激战中，孙津川身先士卒，礼帽被打了一个洞。接着，他又率领纠察队员和铁路工人夺得机车一辆，挂上五节客车车厢，满载200名纠察队员，再往闸北。22日下午6时，上海北站被攻占，上海工人第三次武装起义取得胜利。按原定计划，孙津川组织铁路工人首先复工，派出了由300名吴淞机厂工人组成的交通队，连续奋战了五个昼夜，抢修铁路，迅速恢复交通。3月28日，沪宁沪杭铁路总工会成立，孙津川当选为委员长。

孙津川审时度势牺牲自我

链接

狱中难友窦止敬、何正泉回忆说："孙津川在狱中时，曾有好友及党内同志想劫法场营救，当他得知有人准备布置刑场劫救，他衡量了主客观形势，认为这样会给革命带来更大的损失，因此通过母亲转告他们千万不可鲁莽从事，说万万不可为营救他而付出更大的牺牲。"

在蒋介石发动四一二反革命政变的当天下午，孙津川带领工人参加了声讨蒋介石罪行的大会。孙津川不顾个人安危，亲自去淞沪司令部抗议，要求释放被捕者。国民党当局不仅不释放被捕者，反而扣留了孙津川。吴淞机厂700余工人举行罢工，提出"一日不放津川回来，一日不开工！"与此同时，4000多名铁路工人签名致书铁路局长孙鹤皋，坚决表示："如果再不把孙津川放回来，我们全体工友就要举行罢工！"在工人的强大压力下，孙津川被释放，机厂工人为他举行了欢迎会。

1927年5月，孙津川护送周恩来前往中共中央所在地武汉。其后，他受全国铁路总工会委派，秘密从事恢复各地铁路工会的工作。同年11月，中共江苏省委派孙津川到南京恢复被破坏的中共南京市委。当时的南京经过蒋介石的“清党”血洗，环境十分险恶，革命者随时有被捕牺牲的危险。孙津川做好了为党随时牺牲一切的思想准备，举家搬到南京。经过几个月艰辛细致的工作，恢复和建立了七个工厂党支部，全市有党员200多人。1928年3月，孙津川接任中共南京市委书记。

1928年7月初的一个夜晚，刚从火车站回来的孙津川到下关黄泥滩（今热河路附近）的地下党员姚佐唐家去开会，临近姚家时发现有形迹可疑的人影，孙津川意识到情况不好，立刻转身离开，而黑影迅速朝他扑来。孙津川环顾四周，看到不远处有口水井，乘着昏暗的夜色，迅速将身上携带的文件投入井内。几乎同时，四五个特务一拥而上，孙津川被捕了。

上海工人第三次武装起义（↓）

孙母家中与“红领巾”在一起（↑）

孙津川母子相见

链接

孙津川被捕后，当局一直不让家属探望。最后在司令部对面清真面馆里一个小伙计许忠林的协助下，才使得母子相见。许忠林利用送面点到监牢内的机会，秘密打听出孙津川的监号，让孙母冒名为其他犯人的家属混进牢里。

孙华氏看见儿子面容清瘦许多，但精神奕奕，稍有安慰。孙津川劝慰母亲说：“你们放心，不要紧，我不怕他们！”孙母忍住泪问：“津川，他们会让你出去吗？”“妈，古人云，忠孝不能两全，就是我死了，弟弟还在你跟前，你老人家是能理解我的……”

孙华氏哽咽着，从篮里掏出孙津川爱吃的梨。孙津川接过梨，吃了一半，递给母亲，孙母望津川闪着泪光却坚定无比的眼神，心里明白了。她颤抖着双手接过半个梨，潸然泪下。

孙津川被捕后态度镇静，当局多次提审，他都从容以待，不暴露自己的真实身份，不泄露半点党的机密。后因叛徒出卖，孙津川的身份暴露。他却将自己的生死置之度外，尽一切可能设法掩护同志。上海工人第三次武装起义中的铁路工人纠察队中队长周长福说：“在狱中，原来我们是装作互不相识的，后敌人让我们对质，孙为了掩护我，对敌人说，我认识周长福，他是小开，是那摩温的儿子，他不识字，不够资格加入共产党，我是共产党。”周长福又说：“我始终记住我入党时，孙津川对我说，老周，你就是被捕了，敌人把你的手指一个个砍掉，也不能说出来。”

1928年10月6日凌晨四点多，孙津川被宪兵从狱中提出，他一一告别难友，一路高喊：“杀了我一个，还有十个，杀了十个，还有百个，千千万万的革命者是杀不完的！”狱中难友窦止敬说：“孙津川同志被捕到就义一直态度镇静、就义的时候从容不迫。刚出看守所大门，约莫走到司令部广场上，我们就听见他唱国际歌，高呼共产党万岁！”宪兵慌忙抓起毛巾塞入孙津川的口中，一直堵到喉咙。孙津川为了自己的信仰，在雨花台英勇就义。

项英：英雄浩气永长存

项英（↑）

链接

项英是中国共产党早期领导人之一，他长眠在南京雨花台烈士陵园。1990年1月，时任中共中央政治局委员、国家主席杨尚昆题词“项英同志浩气长存”，褒扬他为中华民族独立和中国人民解放事业英勇奋斗的一生。

1919年，董必武、陈潭秋等具有初步共产主义思想的知识分子在武汉办起工人夜校，武昌城模范大工厂（纺织厂）的青年工人项德隆积极参加了夜校学习。

受到俄国十月革命胜利的鼓舞及国内五四运动的影响，项德隆在夜校较快地接受了马列主义，开始懂得工人受压迫剥削的根本原因，懂得反帝反封建的革命道理。从那时起，他就自发地从事工人运动。1920年4月，他组织厂里纺织工人罢工，取得成功。

项英的年幼时候

链接

由于做职员的父亲不幸早亡致家境恶化，学习勤奋的项德隆小学毕业即辍学，很费周折才考入模范大工厂当学徒。经过挨打受骂的三年，他满师后留厂做纺织工。

1921年11月的一天，在武昌黄土坡16号寓所，项德隆作为中国劳动组合书记部机关刊物《劳动周刊》的忠实读者如约而至。他希望参加工会工作，与寓所的主人、劳动组合书记部武汉分部主任、《劳动周刊》武汉发行上的领导者包惠僧热情地交谈起来。此时，包惠僧的秘密身份是中共武汉地委书记，他刚参加完中国共产党第一次全国代表大会后返回武汉不久。

中共成立后重点工作是开展工人运动，并通过建立公开机构劳动组合书记部领导工人运动。为贯彻党的一大会议精神，将（北）京汉（口）铁路南段工人组织起来，包惠僧同中共一大代表李汉俊、陈潭秋等商量后，来到铁路工人聚集的武汉长江北岸为组织京汉铁路江岸工人俱乐部物色合适人选。

初次谈话长达两个半小时，项德隆有思想，有抱负，对工人运动热情很高，包惠僧非常高兴。两人又一次长谈之后，再经由党组织的多方面考察，项德隆于12月被吸收参加劳动组合书记部武汉分部工作，并被派到江岸，担任京汉铁路江岸工人俱乐部筹备处文书。一心要为工人谋福利的项德隆满心欢喜，从此走上革命道路。

经过项德隆深入江岸铁路工人中宣传发动和组织丰富生动的活动以及开办工人夜校，深受军阀、资本家压迫剥削的工人们懂得了要团结起来，争取自己的政治和经济权益，以前长期存在的带有狭隘地域色彩的各帮口之间的矛盾逐步消除。1922年1月，京汉铁路江岸工人俱乐部正式成立，项德隆当选为干事。该俱乐部成为当时京汉铁路最大的工人团体，成功开展了维护工人利益的斗争，不久发展为江岸铁路工会，项德隆为书记。

接着，他先后被调去帮助组织机械工人工会，筹建钢铁工人工会，为建立武汉工人的统一组织武汉工团联合会奔波。10月10日，武汉工团联合会发展为湖北全省工团联合会时，他当选为组织科主任。

作为工人中的先进分子，项德隆于1922年4月被批准加入中国共产党，成为中共最早的工人党员之一。入党后，他改名项英。7月，已是中共武汉区委委员的他，作为武汉区党组织代表，前往上海出席中共二大。

中共二大后，全国工人运动继续高涨。代表当时先进生产力的铁路产业，工会组织发展很快，京汉铁路尤其走在前列。经过京汉铁路各站工会大半年公开的积极筹备，1923年2月1日，京汉铁路总工会成立大会在郑州普乐园戏院举行。担任京汉铁路总工会筹委会总干事的项英，此前已在建立、扩大京汉铁路南段基层工会方面做了大量工作。当天，面对军阀吴佩孚为禁止成立总工会而派出的荷枪实弹的军警，项英指挥着参加会议的数千工人的队伍勇敢前进，并冲进会场。京汉铁路总工会在军警的包围压制中成立后，项英为总干事。

3日，京汉铁路总工会临时总办公处移到汉口江岸正式办公。面对反动军警的进一步阻挠和镇压，4日，中共领导的震惊中外的京汉铁路工人大罢工开始了，全路2万多名工人参加，纵贯直隶、河南、湖北三省的全线1200多公里铁路顿时瘫痪。项英作为罢工委员会总干事，做了大量发动和组织工人罢工的工作。5日，项英等四人作为工人代表前往汉口军政府谈判时，被军警扣押，项英受到枪毙威胁而不屈，直至次日晨，由于数千工人的抗议救援而获释。

7日，反动军阀在帝国主义的支持下，派重兵占领工会机关，开始屠杀工人。项英与工人纠察团赤手空拳同敌人展开殊死搏斗。当日，32人牺牲，几百人受伤，大批工人被捕，京汉铁路总工会法律顾问施洋在被捕后英勇就义。项英在军警乱枪射击时，潜伏在长江边，死里逃生。二七惨案发生后，项英在险恶的处境下，拟定和进行救济工作，秘密恢复工会组织，继续地下斗争。

1924年5月，项英被调至上海工作，担任中央职工运动委员会书记。他负责在纺织业集中的沪西小沙渡地区开展工作。8月，他与邓中夏等建起沪西工友俱乐部，项英任俱乐部主任。俱乐部通过秘密发展的部员，与广大工人群众建立了广泛联系，教育培养了顾正红等工人骨干，发展他们成为上海产业工人中第一批共产党员。1925年2月，他参与领导了沪西日商纱厂3.5万多名工人大罢工，取得完全胜利。接着，他参与领导了五卅反帝爱国运动。

大革命时期，项英在武汉发动工人配合北伐军攻克武昌城，并参与领导收回被英国霸占66年的汉口英租界的斗争。

大革命失败后，项英被调往上海坚持秘密斗争。1928年2月，他担任中共江苏省委书记，并参加中央常委会。5月，他辗转赴苏联莫斯科出席中共六大。会议期间，针对当时“左”的倾向，由他领衔的29位代表提出提案，建议大会致电国内，制止盲动倾向，提案的基本精神被收进大会《对国内工作指示》中。会上，他继中共三大、四大、五大后，再次当选为中央委员，并当选为中央政治局委员、常务委员、书记处书记。接着，他化名张成，出席了共产国际第六次代表大会，并当选为共产国际监察委员会委员。11月上旬，他回到上海，分管职工运动和妇委工作。两年后，项英结束了10年的工人运动和白区工作，离开上海。

1930年12月下旬，项英奉中共中央委派，到达江西中央苏区与朱德、毛泽东会合。在国民党对中央苏区“围剿”中，他开始了发展党、红军和苏维埃运动的工作。1931年1月15日，中共苏区中央局在宁都小布地区正式建立，项英代理书记；同时，由苏区中央局领导的中央革命军事委员会成立，项英任主席。

项英进入中央苏区后，在调研过程中，发现江西地方和红军中存在着肃反扩大化，还发生了震惊一时的富田事变。他一方面指出发动富田事变是严重错误的，另一方面采取解决党内矛盾的方法加以处理。

项英改任苏区中央局委员、中革军委主席后，按照党中央对苏区工作的指示，为推动全国苏维埃运动的发展，全力投入中华苏维埃第一次全国代表大会的准备工作。

11月，中华苏维埃第一次全国代表大会在江西瑞金召开，由来自全国10多个省份、遍布全国苏维埃区域的610位代表参加。会议讨论通过了第一批管理国家的法规性文件，选举产生了中央执行委员会，宣告了工农民主专政的新型政权——中华苏维埃共和国临时中央政府的成立。项英任中央执行委员会副主席。期间，他为扩大苏区、扩大红军辛勤操劳，并大力加速人民政权和苏区建设，发展生产，支援前线，改善群众生活，廉政安民。他还在临时中央政府机关报《红色中华》上发表了多篇文章。

马列书籍不离身

链接

项英率部在深山老林里与敌人浴血奋战时，物品损失殆尽，可《共产党宣言》《列宁主义概论》等马列书籍仍带在身边，有空就读一读，从中汲取力量。他与以往在革命征程中遇到种种艰难曲折一样，以坚定的革命信念，按照党所指引的方向前进。

项英在中央苏区期间，曾三度担任中革军委领导职务。他除参与领导红军的反“围剿”作战外，对人民军队的建设与苏区武装斗争的开展都竭尽全力。他还确定建立军委总政治部并规定了总政治部的职责，明确了红军中政治部与政治委员之间的关系；在军委总参谋部设红军战史编辑委员会；以中革军委代主席的名义发布命令，将1927年8月1日中共领导南昌起义之日定为中国工农红军成立纪念日，后成为八路军、新四军和人民解放军建军节；以中革军委的名义，颁发《中国工农红军纪律暂行条例》，等等。

1934年10月，中央红军主力长征。项英临危受命，以坚强的组织观念和对党的赤胆忠心，留在中央苏区坚持斗争，任中共中央苏区分局书记、中央军区司令员兼政治委员。

红军主力离开初期，项英与陈毅等人一起指挥留在苏区的红军和游击队采取佯动措施，牵制了国民党军队大量兵力，掩护和策应党中央、中革军委率红军主力进行战略转移，同时领导中央苏区军民继续斗争，保卫中央苏区和土地革命的成果。由于国民党军队的大举进攻和血腥镇压，中央苏区的县

江西瑞金革命旧址（↓）

城及重要集镇先后落入敌手，留下的红军和游击队受到很大损失，中央苏区军民陷于被敌人分割包围的极度困难之中。

1935年2月5日，遵义会议后的党中央书记处在长征途中给项英和中央苏区分局发来“万万火急”的电报，要求立即转变斗争方式，分散开展游击战争，任命项英为革命军事委员会中区分会主席。这是红军主力长征三个多月后，项英第一次接到党中央的指示，恰如久旱逢甘霖。

项英与陈毅、贺昌等奉命部署、组织部队及负责同志分散突围出去，坚持游击战争。3月9日，他给党中央发去最后一份电报。这时，国民党追兵枪弹呼啸，情况危急，他下令埋掉电台，烧毁密码，冒雨突围离开江西中央苏区。

3月下旬，项英与陈毅几经辗转，突出重围到达赣粤边的油山。自此，项英和陈毅等一起，领导以油山为中心的赣粤边游击区军民，在与党中央失掉联系、国民党重兵持续“清剿”的情况下，独立自主地坚持了三年艰苦卓绝的游击战争，保持了南方战略支点，保存了革命武装力量。

项英为了推动赣粤边游击战争的发展和红军游击队的建设，亲自起草了《红色指挥员必读》和《红色战士必读》，其中对红军游击队的任务、纪律、注意事项作了明确要求。

项英编写战术歌诀

链接

项英为便于红军游击队指战员记忆，将赣粤边游击战争中实践的战术原则编成歌诀：

团结群众，配合行动；支配敌人，自己主动。

硬打强攻，战术最忌；优势敌人，决战要避。

敌人正面，力量集距；攻打费力，又难成功。

敌人侧翼，力量虚空；集中兵力，坚决猛攻。

驻止之敌，施行袭击；行进之敌，采用伏击。

动作突然，敌难防范；不行火战，白刃来干。

行迹飘忽，敌难追踪；死板不动，挨打最痛。

胜利要快，进攻进攻；保守主义，革命送终。

1937年12月13日，中共中央政治局对于南方游击区工作作出决议，肯定项英及南方各游击区同志的“长期艰苦奋斗精神与坚决为解放中国人民的意志，是全党的模范”。

1937年7月7日，抗日战争全面爆发后，项英先后任中共中央东南分局、东南局书记、中央军委新四军分会书记、新四军副军长（政治委员）等职。他和叶挺、陈毅等一起，认真贯彻党中央、中央军委指示，于1938年三四月间，将分散在南方八省十四个地区坚持三年游击战争的红军和游击队分别在皖南歙县岩寺和皖中舒城、庐江地区集结，编成4个支队，对部队进行政治思想教育，开展军事训练，领导举行新四军第一次党代表大会；组织部队陆续向皖中、皖东、苏南、苏中敌后挺进，发动群众，扩大部队，开展游击战争，打击敌人，创建抗日根据地，完成了在大江南北的战略展开。

至1940年底，新四军由开始编组时的1.03万人发展到近9万人，歼灭日伪军和国民党顽固派军队9万余人。与此同时，他领导东南各省党组织以新四军在各地建立的办事处、留守处、通讯处为掩护，组织东南各省人民开展抗日斗争，恢复、发展党组织，党员人数已达约5万名。

纪念项英同志诞辰100周年座谈会 链接

1998年5月13日，经中共中央批准，纪念项英同志诞辰100周年座谈会在北京人民大会堂举行。时任中共中央政治局委员、中央军委副主席、国务委员兼国防部部长迟浩田代表党中央和中央军委讲话，称赞项英是“杰出的无产阶级革命家，工人运动的著名活动家，党和红军早期的领导人之一，新四军的创建人和主要领导人之一”“抗日战争的名将之一”，对其革命的一生和历史功绩给予高度评价。

项英塑像（↑）

1941年1月，蒋介石集团掀起第二次反共高潮，调集8万国民党军队，在安徽泾县茂林以东山区，对奉命北移的新四军军部及皖南部队9000余人进行突然袭击，制造了震惊中外的皖南事变。新四军指战员从7日浴血奋战至14日，除2000余人突出重围外，大部分壮烈牺牲，一部分失散或被俘。项英在率少数人转移、隐蔽于泾县茂林蜜蜂洞待机北渡时，于3月14日被叛徒杀害。

1952年7月，中央军委总政治部批准同意寻找项英等3位烈士遗骸、移葬南京并正式安葬。3年后，项英等3位烈士入殓仪式在雨花台烈士陵园庄严隆重地举行。